COLLECTION HETZEL.

LA

COMTESSE D'EGMONT

PAR

JULES JANIN.

ÉDITION AUTORISÉE POUR LA BELGIQUE ET L'ÉTRANGER,
INTERDITE POUR LA FRANCE.

BRUXELLES ET LEIPZIG,
KIESSLING, SCHNÉE ET Cie, ÉDITEURS,
1, RUE VILLA-HERMOSA.

1855

LA COMTESSE D'EGMONT.

Bruxelles. — Imp. de G. Stapleaux.

COLLECTION HETZEL.

LA
COMTESSE D'EGMONT

PAR

JULES JANIN.

BRUXELLES ET LEIPZIG,

KIESSLING, SCHNÉE ET COMP.ie, ÉDITEURS,

RUE VILLA-HERMOSA, 1.

1855

DÉDICACE.

—

A P.-J. STAHL.

Spa, septembre 1854.

Veux-tu, mon cher ami, que je te laisse, en
quittant ces beaux lieux, un petit récit que j'ai
repris à ton intention, ajoutant plus d'une page et
plusieurs détails au récit primitif? Ces modestes
ornements d'une légende contemporaine de Voltaire et de Diderot ne nuiront pas, je l'espère,
à cette douce héroïne que j'ai trouvée au milieu
des poussières et des ruines du siècle passé.

Ce n'est pas une grande fête, ce petit livre-là,

et, certes, je n'aurais pas songé à l'offrir au
brillant écrivain qui, vivant, écrivant avec
nous, donnait naguère la vie et la grâce à tant
de beaux livres de la fantaisie et du monde
parisien ! Quelle joie en ces heures si loin de
nous, quand nous étions occupés uniquement
des travaux du style et des fêtes de l'imagi-
nation ! Étions-nous assez jeunes, étions-nous
assez libres en ces temps fortunés ! étions-
nous loin de songer qu'un jour parmi nous, les
enfants de la Muse, il y aurait des exilés et des
proscrits ! Belles journées, trop vite envolées !
On se voyait à toute heure du jour, on avait toute
l'année à se parler de ces choses divines : l'art,
le talent, le chef-d'œuvre ! On voyait marcher
devant soi les grands poëtes, les grands génies
de ce siècle, Hugo et Lamartine ; on rêvait à leur
ombre ; on se chauffait à leur soleil ; on partici-
pait à leurs vives et éloquentes clartés !

En ce temps-là, il nous semblait que toute
chose nous était due, et que c'était notre antique
patrimoine, la liberté d'écrire et la liberté de
parler ! Il nous semblait que la route irait ainsi,
joyeuse et sans fin, à travers des printemps
éternels, et que les heures de la nuit étaient loin !
si loin de nous, qu'elles ne devaient jamais
venir ! Nous vivions en famille, au sein d'une
paix profonde ; en grand travail, au milieu des

aciles loisirs. On n'entendait que nous, on ne
isait que nos contes; on ne savait que nos
oëmes. L'Europe entière acceptait nos paroles.
l y avait au sein de la ville une haute montagne,
n Sinaï glorieux, et, de ces hauteurs, se fai-
aient entendre, également écoutés, les avocats
le ces grands principes que 1789 a jetés à la
lispute et à l'avenir des nations modernes. Que
le tempêtes dans cet océan, et combien d'éclairs!
jue d'espérances dans tous ces doutes! L'Europe
ntière étudiait nos discours, lisait nos livres,
t nous saluait, agitée et contente; elle parta-
eait nos espérances, elle était de moitié dans
os passions!

Maintenant, l'heure sombre des écrivains est
arrivée, l'heure du silence et du regret pour tous
les hommes qui parlaient à la foule. Nous ne
sommes plus que des voix dans le désert, et des
compagnies dans la solitude; nous faisons peur
à tout le monde, et chacun nous répudie; tout
nous gêne, et tout nous renie! à peine avons-
nous le droit de nous souvenir! Aussi nous
voilà humbles, éperdus, têtes baissées; et que
le soucis sur nos fronts, jadis si joyeux! que de
ristesses au fond de nos cœurs, enivrés de tout
ce qui était beau et bon ici-bas! Le *To Kalon*
s'est voilé, l'étoile est tombée, et notre petit
monde est divisé en deux parts, — la part de ceux

qui restent, et la part de ceux qui sont partis.

Eh bien (et c'est justement pour te dire ici ces choses consolantes que j'ai songé à t'offrir ce petit livre !), ne disons pas trop de mal de l'exil : il a ses consolations, il a ses espérances, il a sa force, il a son charme. Avec beaucoup d'esprit, des gens d'esprit ont fait l'*Éloge de la goutte*, de la *fièvre quarte* et de la *folie*. Avec un peu de sang-froid, un homme d'honneur ferait volontiers l'*Éloge de l'exil,* et cet *encomium* inattendu ne serait pas sans quelque bonne grâce et sans quelque charme.

Hier encore, ne t'ai-je pas vu, sur le bord du petit ruisseau jaseur, ta femme et ton jeune enfant près de toi? Vous marchiez tous les trois au hasard de cette rive, songeant sans doute aux doux ombrages de nos îles bien-aimées. Ta femme souriait, ton enfant chantait doucement; vous alliez tous les trois oubliant votre peine, et vous abandonnant à ces méditations qui abaissent les montagnes, qui comblent les vallées, arrêtent l'heure, et franchissent la distance.

En ce moment, — même sur les bords enchantés de la Seine, qui unit au château du Louvre le palais du royal Fontainebleau, il n'y avait pas un père, une mère, un jeune enfant plongés dans une rêverie plus douce et plus entière ! Vous étiez trois propriétaires de votre âme; une patrie allait avec vous sur ces rives claires, sous ces vieux chênes, au murmure de cette onde qui s'enfuit à travers le gazon.

L'exil a cette grâce encore : il augmente, aux cœurs bien faits, la sympathie et l'amitié. Pendant que les âmes vulgaires se prosternent aux rayons du soleil qui se lève, il arrive que l'exil même devient un juste motif de reconnaître des grandeurs longtemps méconnues; et tel qui n'eût pas salué le vainqueur d'hier salue humblement le vaincu d'aujourd'hui. « Honneur, dit-il, au courage, à la conscience, au malheur, à la conviction ! »

Ainsi, moi qui t'aimais toujours dans le camp où je n'étais pas, au plus fort de nos douleurs passées, maintenant que je te retrouve ici, loin de tout ce qui était ta force et ta gloire, il me semble que je t'aime davantage. Je t'avais perdu, je te retrouve; on a dit un jour que tu étais mort : Dieu soit loué! te voilà vivant! Dieu soit loué que je puisse encore te donner, en toute assurance, une main fraternelle, et que tu puisses la prendre avec joie!

Ainsi, la fidélité tend la main au malheur, et ils se consolent l'un l'autre en songeant qu'ils ont sauvé de tant de naufrages l'estime et le respect qui leur sont dus.

Reçois donc, cher ami, ce petit livre que je
t'offre, et ces quelques lignes que je t'adresse en
signe de sympathie, et comme le gage public
d'une amitié que rien ne peut briser désormais
puisqu'elle a résisté également au triomphe et à
la défaite, à la prospérité aussi bien qu'au malheur.

Je ne te dirai pas ce que disait l'orateur ro-
main, que la patrie est partout pour un brave
cœur* ; je te dirais une chose que je ne pense
pas, et tu n'es pas de ces hommes que l'on con-
sole par une fiction et par un mensonge. Au contraire, en fait de patrie, il n'y a que la patrie ;
il n'y a pas de bel exil ! Il n'y a rien au delà de
ces limites charmantes, loin du soleil paternel,
loin du sol natal, loin du souffle et de l'inspiration
de la vieille terre où reposent les aïeux, où les
enfants ont vu le jour ! Il n'y a rien qui te vaille
et qui te remplace, accent du pays de Voltaire et
des chansons de Béranger !

Seulement, je te dirai que, s'il n'y a pas de
bel exil, il n'y a pas d'exil éternel ! On a beau
dire : les colères s'apaisent, les douleurs se cal-
ment, les haines s'endorment, l'espérance, exilée,
elle aussi, n'est pas longue à déployer ses ailes,
et la voilà qui revient tout d'un coup, comme fait

---

* *Omne solum forti patria.*

l'hirondelle aux toits des chaumières, en deuil de son gazouillement! Plus l'hiver était long, et plus épaisse était la neige, plus le printemps nous revient en toute hâte, apportant et sa douce haleine, et ses fleurs, et ses chansons!

C'est surtout après les révolutions que *le temps est un galant homme*, et qu'il se conduit comme un homme d'honneur!

JULES JANIN.

LA COMTESSE D'EGMONT.

I

En l'année 17.., un peu avant l'heure suprême où la féodalité allait disparaître, la France
touchait à la Révolution, et, déjà, quiconque
savait prêter une oreille attentive aux idées,
aux murmures, aux espérances, aux châtiments
de ce xviii° siècle, insulté par les sacristains,
pouvait entendre les bruits précurseurs du grand
orage. Il se passa alors, à la cour de Versailles, un petit drame inaperçu du vulgaire et
que nous tenterons de raconter. Ces drames qui

1

font peu de bruit, qui se passent dans l'ombre, et dont la plaie est saignante jusqu'au jour où meurent et disparaissent les acteurs, valent certainement la peine que la postérité s'en souvienne. Ils exercent la sagacité de celui qui les raconte, ils soulèvent les meilleurs instincts de celui qui les écoute; ils jettent au néant les accusations injustes, ils remettent en lumière la louange oubliée, ils deviennent une espèce de tradition orale et vivante, et, de ces vaines poussières que le temps emporte, ils font comme un fantôme qui reprend soudain toutes les apparences de la vie.

Heureux l'homme, revenu des grandes rumeurs d'ici-bas, et naturellement méfiant des assertions de la grande histoire, qui rencontre, en son chemin, quelqu'une de ces images de marbre que les révolutions violentes auront arrachée à son piédestal! Il ramasse avec un respect d'artiste le chef-d'œuvre mutilé; il le relève, il le répare; il enlève avec soin l'outrage et la fange, et quand il lui a rendu enfin les honneurs mérités, il est le premier (c'est sa récompense) à se prosterner devant le dieu qu'il a sauvé!

Cela dit, transportons-nous dans une opulente maison du grand faubourg (la maison a été ren-

versée, on a bâti une ville entière sur l'emplacement de ses jardins, et vous chercheriez en
vain, dans ce lieu de l'agitation perpétuelle, un
souvenir du calme, des fleurs et des grandeurs
d'autrefois); cette maison (sur le marbre de la
porte, le nom du maître est écrit en lettres
d'or) appartient à S. E. monseigneur le maréchal duc de Richelieu.

II

L'HERMINE.

—

La jeune et charmante femme qui est son-
geante, en ce moment, dans le riche oratoire
de l'hôtel de Richelieu, appartient aux deux plus
grandes familles que la noblesse antique et la
noblesse moderne aient élevées dans l'histoire
ancienne et dans l'histoire moderne : aujour-
d'hui sur les marches du trône, et le lendemain
au sommet de l'échafaud !

Cette jeune femme, entourée au plus haut
degré de force, de gloire et de puissance, était,
à l'heure où nous sommes, le plus rare ornement et le plus exquis de la cour de Versailles.
Sa beauté égalait sa grandeur ; sa bonne re-

nommée égalait sa vertu. Elle traversait, la tête
haute, et sans se douter des boues qu'elle touchait du pied, ce siècle misérable, où toutes
choses se façonnaient à l'image d'un roi souillé
de tous les vices, le père et le fauteur de toute
corruption. Cette jeune femme les vieillards
l'appelaient : l'*Hermine*, et souriaient à cette
image florissante de leurs beaux jours. Si jeune
encore, elle était sérieuse, elle aimait la solitude, elle cherchait le silence, elle avait, sur
elle-même, des retours, inexplicables dans une
femme de vingt-cinq ans. Elle était loyale, elle
était fière, elle était cachée, et quand elle dai-
gnait se montrer à son peuple, on eût dit une
reine, à la voir.

Une reine, en effet, et digne même, par
le sang de ses veines, de porter la couronne
fermée. Elle tenait, par la suite auguste de
ses aïeux maternels, à cette illustre famille
des princes Lorrains, dont la reine Marie de
Médicis disait souvent : « Tous les autres princes
sont *peuple*, auprès de ces princes Lorrains ! »
Race illustre entre toutes les familles sorties
du sang royal. Ce bonhomme de roi que l'on
appelait Louis le *Débonnaire*, lorsqu'il divisait
son royaume chancelant, entre ses quatre fils :
Charles le *Chauve*, Louis le *Pieux*, Charles et

othaire, avait laissé à Lothaire une belle part
e son royaume entre la Moselle et la Meuse,
ampagnes fertiles en blés, coteaux couverts de
ignobles, montagnes remplies de fer, de cuivre
t d'argent, et tant de belles villes, Nancy, Metz,
oul, Verdun, Pont-à-Mousson, Mirecourt,
ar-le-Duc, que la prise de Munster donna une
econde fois à la France.

De ces domaines, agrandis par tant de trahi-
ons, tant de négociations, tant de batailles, de
ran des forces étaient sorties, une histoire
ntière; et maintenant, après tant de siècles,
emplis de ces gloires sauvages et de ces
randeurs sanglantes, après tant et tant de
évoltes, de meurtres, d'ambitions et de ven-
eances, il arrive soudain que l'histoire de ces
rinces, voisins du trône, s'arrête à cette jeune
emme, au fond de ce petit appartement où pas
n bruit ne la pouvait distraire de ses contemplations.

III

LA DERNIÈRE FILLE DES GUISE.

———

A quoi elle songe, et pourquoi elle est rêveuse?
Essayez de savoir pourquoi l'oiseau chante au
sommet du vieil orme, et pourquoi l'eau se plaint
dans son lit de cailloux! Essayez de soulever le
voile qui recouvre l'étoile, et de traduire le silence
au fond des bois! Elle songe aux mondes qui
sont au delà de Versailles! Elle rêve, hélas!
qu'elle est libre, et que soudain tous ces liens,
qui la retiennent ici-bas dans la contrainte et
dans l'étiquette de sa maison, se brisent par
une force irrésistible.

— Ah! Dieu du ciel! soyez béni, soyez
loué! je ne suis plus une princesse, je ne

suis plus qu'une jeune femme obéissant aux volontés de son cœur. Quelle fête, ô ciel ! si véritablement j'étais une fille des champs, errante à plaisir, loin, bien loin de tant de soldats et de capitaines qui n'ont plus que moi pour tenir du fond de leur tombe, à la terre des vivants !...

Voilà à quoi elle songeait, la dernière fille des Guise. En effet, ô vanité des grandeurs de ce bas monde ! ils n'étaient plus représentés que par cette frêle et blanche créature, tous ces Guise qui avaient été si longtemps le trouble, l'espérance et l'orgueil de cette nation Capétienne ! Ils n'avaient plus que cette enfant qui les fît vivre encore, ces superbes, ces terribles, ces lions, ces cardinaux, ces capitaines, ces *balafrés!* Ils n'étaient plus que cette ombre, au fond de cette retraite silencieuse, ces marquis de Lorraine, ces ducs de Bavière, ces comtes de Vaudemont, ces Joinville, alliés à toutes les gloires, voisins de toutes les couronnes, habiles à toutes les grandeurs !

Que de batailles, grands dieux ! que d'alliances formidables, et que de nobles parcelles du sol français noblement conquises, pour en arriver à cette jeune femme pareille à la fée du printemps! Qu'êtes-vous devenus, ô duchés : Harcourt, Aumale, Elbœuf, Alençon, Auvergne? Et quand ces Guise allaient au dehors, ils allaient, en vainqueurs, à Naples, en Danemark, en Bavière, en Angleterre, en Écosse (hélas ! elle appartenait aux Guise cette reine d'Angleterre et d'Écosse, Marie Stuart qui pleure comme une femme, et qui meurt comme un héros). Comptez aussi les alliances royales contractées par les princes de la maison de Guise, les derniers habitants du château d'Eu ! Comptez que de princesses ils ont épousées qui étaient assises sur le trône de France, et que de fois leurs cadets, ou même leurs bâtards ont porté la pourpre romaine ! Ils ont porté la toison d'or ; ils ont porté la jarretière ; ils ont appartenu à toutes les grandesses ; ils ont tenu l'épée à toutes les batailles ; ils ont même touché au sceptre, et la royauté française, poussée en ses derniers retranchements, a appelé le poignard à son aide pour se délivrer de ces grands vassaux qui la gênaient... Ils marchaient en avant des pairies, immédiatement après les princes du sang.

Ils ont été tout ce qu'on pouvait être, quand on n'était pas le roi de France : ils ont été connétables, grands amiraux de France, commandeurs de l'ordre de Malte, ducs. et pairs, maréchaux et cardinaux, gouverneurs des plus belles provinces, princes du Saint-Em-

pire, princes souverains et grands maîtres, et
grands veneurs, abbés commendataires, en un
mot toutes les charges, toutes les dignités, tous
les emplois !

Quant aux princesses de Guise, elles ont eu,
plus encore que les princes leurs cousins,
leur part et leur bonne part dans ces grandeurs
et dans ces fables. Elles ont porté sans pâlir la
double couronne. Elles ont tenu à l'empire ; elles
ont tenu à la royauté. Une princesse de Guise
était grande-duchesse de Toscane, une autre était
abbesse de Remiremont, et, dans la majesté et
dans la misère extrême, elles ont montré toujours de quelle race elles étaient sorties. Et de
même que la race Capétienne s'était divisée en
plusieurs royaumes, les Guise se divisèrent en
plusieurs branches quasi royales : la branche
des ducs de Mercœur, la branche des ducs
de Guise et de Chevreuse, la branche des ducs
de Mayenne, celle des princes d'Elbœuf et celle
des comtes d'Harcourt, des comtes de Lille-
bonne, des comtes d'Armagnac, des comtes de
Marsan... toute une histoire !

IV

—

Cependant, regardez avec soin au-dessus de la porte fermée, qui donne entrée à l'oratoire où s'est réfugiée, en pleine méditation, la jeune femme qui sera l'ornement de ce récit, vous verrez, réunies en bloc, les diverses armoiries de cette illustre maison, à savoir : un large écusson, coupé de quatre pièces au chef, soutenu de quatre en pointe au 1 de *Hongrie*, au 2 de *Naples-Sicile*, au 3 de *Jérusalem*, au 4 d'*Aragon*, au 5 et 1 de la pointe d'*Anjou ancien*, au 6 de *Gueldres*, au 7 de *Juliers*, au 8 de *Bar*, et sur le saut d'or à la bande de *gueules*, chargée de trois *Alcyons* d'argent, qui est de Lorraine, écartelé de Guise et d'Est, partie de la Marck coupé de France, contre-écartelé de Bourgogne moderne, bordure de gueules chargée de huit besants d'or.

« Roy je ne puy, duc je ne dègne, Rohan suis! »

Oui, mais de ces fabuleuses grandeurs cette maison était descendue à une noblesse douteuse, et la jeune femme que voici, si elle était une princesse de Guise par sa mère, n'était, en fin de compte, que la fille du duc de Richelieu. C'était là, comme on disait à la cour, *la pierre d'achoppement*, et les seigneurs et les dames qualifiées murmuraient tout bas le nom de *Wignerod*, quand on leur parlait du *Balafré*. Même ce fut un des plus rares efforts de votre génie et de votre autorité suprême, ô magnanime cardinal! lorsque après dix-huit ans de règne et de gloire, il fut enfin convenu, à la cour de nos rois, que les hommes de votre maison seraient comptés comme autant de gentilshommes, et que votre noblesse ne serait plus contestée.

Et voilà comment la jeune femme, qui sera l'héroïne de notre histoire, appartenait tout ensemble, par sa mère à l'empereur Charlemagne, le chef de la féodalité, et par son père au cardinal de Richelieu qui a décapité le monde féodal. Ainsi faite, avec toute la grâce et tout l'orgueil légitime que comportaient sa beauté, sa jeunesse et le nom de ses ancêtres, cette enfant, le dernier-né d'un vieillard qui remplissait l'Europe entière de son faste, de ses vices et de son esprit, semblait réservée aux plus heureuses destinées. Elle était le charme, l'orgueil, et j'ai presque dit l'innocence, de ce fameux maréchal duc de Richelieu, qui fut le dernier prodige et le dernier sourire du siècle de Louis XIV; un prodige, un danger, une gloire; ajoutez une honte avec toutes les qualités et tous les défauts que peuvent donner, poussés à leur dernière expression, la valeur, la grâce, le mensonge, le sang-froid, le goût, le ton, l'usage, la perfidie et les plus mauvais penchants du cœur, dissimulés par les plus merveilleuses qualités de l'esprit.

V

CARACTÈRE ET PORTRAIT DU DUC DE RICHELIEU.

—

Peut-être il m'est permis de tracer ici, dans le vif s'il est possible, et sans obéir à la fantaisie, une image de ce fameux duc de Richelieu dont on dit tant de fables. L'image aujourd'hui s'efface, elle a été cependant le portrait même du xviiie siècle, et c'est pourquoi je ne serais pas fâché de la raviver et de la rajeunir; tant les fantômes passent vite, et tant le caprice est peu durable, même le caprice de l'histoire! Ainsi pendant que l'image, vraiment illustre, et que le portrait, vraiment historique, vont sans cesse et sans fin s'agrandissant toujours, la fantaisie, à peine arrivée à son apogée, est emportée avec les heures. Le temps donne au marbre le poli et la durée du bronze ; il donne au bronze la couleur du granit ; au contraire, il efface, d'un souffle, le frais pastel. Ton image, ô frivole beauté, est tout au plus un déjeuner de soleil !

Mais quoi ! il n'est pas facile à faire, le portrait de M. le maréchal duc de Richelieu ! Latour lui-même (le peintre de madame de Pompadour), Latour, qui les a fixés sur sa toile d'une heure ces papillons en bonne fortune, il a tenté cette œuvre futile, il y a perdu son plus frais ramage... un souffle du mois d'avril remporta ce grand maréchal de France aux pays des chimères, sa vraie patrie !

Enfant, M. le duc de Richelieu avait été élevé sur le giron des princesses de Louis XIV vieillissant ; il avait vu se coucher le grand soleil qui avait été si longtemps une des clartés de ce bas monde. Il avait entendu, jeune homme à peine formé, les premiers doutes et les premiers rires du siècle qui allait appartenir à Voltaire, et comme il y avait en lui tout ce qui fait les beaux esprits, les vaillants capitaines, les amoureux sans pitié, les grands seigneurs sans trêve ni merci, passions d'une heure, héroïsme d'un jour... toutes les lâchetés aimables du courtisan, toutes les perfidies permises du diplo-

mate, il était monté à une hauteur fabuleuse
dans l'admiration, dans l'estime, et dans le mépris de ce peuple ami des éblouissements, heureux quand on l'étonne, heureux quand il admire, heureux même quand il a peur : haine,
amour, répugnance, enthousiasme, il excitait à
un degré incroyable ces sentiments si divers, et
rien ne plaisait davantage, en fin de compte, à
son égoïsme, à son orgueil, à sa vanité.

Voilà l'homme ! Et maintenant quelle tâche
ingrate de tirer du néant cette grêle poussière !
Où le prendre, à quoi le reconnaître, cet aven-
turier de la toute-puissance, ce paladin de cou-
lisse et ce Charlemagne de boudoir ? Par quel
appât l'attirer à notre ombre, afin d'amuser
quelque frivole lecteur, ce grand seigneur dédaigneux, ce vert-galant habitué, de si bonne
heure, à toutes les gâteries de la fortune insolente ? Enfin quelle séduction opposer à ce lion-
ceau qui foulait, à douze ans, les gazons de
Marly, tenu en laisse par madame la duchesse
de Bourgogne, à la façon d'un petit chien espiègle
et joyeux qu'on ne veut pas lâcher sur les plates-
bandes ?

Cet homme a réuni, en sa personne perverse et charmante, tous les contrastes. A tous
les vices de la femme galante, il alliait les

grâces du galant homme ; à l'insolence il unis-
sait la gaieté ; à la colère il ajoutait le charme ;
il était fier et superbe envers tous... envers son
maître il était abject. Général d'armée, il se
battait poudré, à la bergamote un jour de
bataille, à l'iris un jour d'assaut. Chaque matin son valet de chambre lui donnait en même
temps son épée et son flacon, sa carte militaire et les billets de ses maîtresses. C'était
un bel esprit qui lisait Virgile et qui ne savait
pas l'orthographe ; un amoureux qui diffamait
ses amours. A seize ans, ce favori du vieux
roi Louis XIV, ce jouet blond de madame de
Maintenon, couchait déjà à la Bastille, où il
préparait le logis de Voltaire.

A la seule nouvelle du jeune Richelieu captif, les
princesses du sang royal ont versé des larmes ; les
plus belles dames se sont émues ; au pied de la
Bastille, c'était la mode, à midi, parmi les plus
belles, de venir contempler ce beau jeune gentilhomme, enfermé là pour de si charmantes fre-
daines. Bientôt le voilà libre, il va se battre. Il
était le joyeux aide de camp du sérieux maréchal
de Villars, à la bataille de Denain, à l'heure
solennelle et terrible où la France était en doute,
ô misère ! de son roi et de sa fortune ! Même ce
fut ce beau jeune homme que le maréchal de

Villars envoya porter au roi son maître la grande et fière nouvelle de cette bataille gagnée. Il n'était pas fâché, le vieux capitaine, de donner à sa victoire cette apparence juvénile, et de parer sa gloire des vingt ans de ce muguet!

Ainsi tout le servit, tout l'agrandit, tout lui fut un piédestal. Il animait, de son regard d'espiègle et de héros, ce sombre Versailles; il rapportait le sourire à ces lieux moroses; il était le printemps de cette longue fin d'un règne qui avait commencé par être éclatant comme le soleil.

Et maintenant (car depuis 1717, le jour où mourut le Roi! le temps avait marché), et maintenant ce premier des seigneurs, ce favori de son maître, et ce favori de la gloire, ambassadeur, général, duc et pair, maréchal de France, premier gentilhomme de la chambre, et même, à ses moments perdus, directeur de l'Académie française, où il tenait une place énorme, à côté des plus grands esprits français, entre Fontenelle et Montesquieu, maintenant que tout lui obéit, que tout lui sourit et le chante et le célèbre, et que son nom retentit, glorieux, du lac de Genève au parlement de Paris, de Versailles à Ferney, de Berlin à Saint-Pétersbourg, maintenant qu'il vient de conclure, à la façon d'un héros, cette biographie commencée à la

façon d'un beau page, il n'est plus sensible en
fait de gloire, en fait de fortune et d'amour,
qu'aux émotions de la jeune femme que vous
voyez d'ici, avec *l'œil de votre esprit* [1] !

[1] Deux précieux volumes manuscrits et complète-
ment inédits, contenant les *lettres d'amour* du duc de
Richelieu et appartenant à la plus riche collection
d'autographes de ce temps, celle de M. Feuillet de
Conches, seront publiés dans la collection Hetzel et
Lecou, par les soins de M. Feuillet de Conches lui-
même.

(Note de l'éditeur.)

VI

MADAME LA COMTESSE D'EGMONT.

—

Cette jeune femme était en effet la fille unique de M. le maréchal duc de Richelieu, l'enfant chéri de ses amours et de ses préférences, l'enfant de la dernière fille des Guise et des princes de Lorraine. Cette jeune femme enchantée et perdue en ses contemplations, elle représentait pour M. le maréchal duc de Richelieu, la dernière héritière du sang impérial, le dernier rejeton d'une femme adorée. Hélas! cette seconde duchesse de Richelieu, tant regrettée et tant pleurée, elle était morte à trente ans,

en donnant le jour à la jeune femme que voici,
madame la comtesse d'Egmont [1].

---

[1] Voltaire a raconté qu'il avait marié lui-même mademoiselle de Guise à M. le maréchal duc de Richelieu. « J'avais mis dans ma tête, il y a longtemps, de
« marier M. le duc de Richelieu à mademoiselle de
« Guise. » Et voici les vers charmants qu'il a faits,
à propos de ce mariage, huit jours après les noces :

> Un prêtre, un *oui*, trois mots latins,
> A jamais fixent vos destins,
> Et le célébrant d'un village
> Dans la chapelle de Montjeu,
> Très-chrétiennement vous engage
> A ce Richelieu, le volage
> Qui va jurer, par ce saint nœud,
> D'être toujours fidèle et sage.
> Nous nous en défions un peu ;
> Et vos grands yeux noirs, pleins de feu,
> Nous rassurent bien davantage
> Que les serments qu'il fait à Dieu !

Et plus loin :

A MADEMOISELLE DE RICHELIEU.

Le serin de mademoiselle de Richelieu.

> J'appartiens à l'Amour, non, j'appartiens aux Grâces,
> Non, j'appartiens à Richelieu !
> L'un dans ses yeux, les autres sur ses traces
> A la méprise ont donné lieu,

La comtesse d'Egmont était si complétement
le portrait de sa mère, elle rappelait avec tant
de charme cette beauté anéantie, elle répondait,
même au delà, dans une si rare perfection, à
l'orgueil paternel de M. le duc de Richelieu,
que parfois ce sceptique et ce vieillard, ce courtisan de la faveur royale, oubliant toute chose,
se mettait à contempler cette enfant de ses
rêves, et peu s'en fallait que la voyant belle
et charmante au gré de son orgueil, il ne se
mît à l'adorer à deux genoux. — Oh! lui disait-il
tout bas dans son cœur, en serrant sa main
dans ses mains paternelles, soyez bénie entre
toutes les femmes, enfant d'une si noble race, qui
me reposez des insolences, des chétivités et des
misères de monsieur mon fils, le duc de Fron-
sac! Soyez bénie, ô ma fille! Vous remplacez ma
sainte femme qui m'a pardonné tant de crimes.
Vous êtes ma joie et mon orgueil; vous êtes ma
consolation et mon espérance. Et s'il est vrai qu'il
y ait un enfer, je serai sauvé par vous, ma fille
adorée!

Ainsi il parlait à cette enfant qu'il avait
vue grandir à son ombre, dont il avait été le père
et la mère tout ensemble. Il lui semblait qu'elle
était née hier, et que le matin même elle lui avait
souri pour la première fois. Il entendait encore

à son oreille charmée ses petits cris joyeux. Il guidait lui-même sa démarche enfantine ; il assistait aux leçons de ses maîtres, et, de même qu'il lui avait donné pour nourrice une marquise, il lui donnait pour gouvernante une duchesse ; puis, comme elle avait dix-sept ans à peine, il lui cherchait un mari, digne d'elle, dans la plus haute noblesse, autour des grandes monarchies, et il finissait par l'accorder au gentilhomme le plus accompli de la cour de l'impératrice d'Autriche, Henri Lamoral, comte d'Egmont.

VII

LES COMTES D'EGMONT.

—

Puisque nous vous avons donné, avant de parler de madame d'Egmont, la généalogie des princes de Lorraine, il est juste de vous dire aussi la source de cette race des comtes d'Egmont qui, tout d'abord, se sont heurtés aux soldats de Charles Martel. Il faut dire aussi que le premier de ces d'Egmont, dont l'origine remonte aux rois de la première race, tenait autant, pour le moins, à Diderot et à l'encyclopédie qu'aux Frisons eux-mêmes, dont cette race illustre est descendue. On raconte, en effet, comme il allait recevoir les eaux du baptême, que ce chef des comtes d'Egmont demanda à l'évêque Wilfrand, qui déjà tenait l'eau sainte en sa main, s'il y avait un plus grand nombre de soldats tels que lui au paradis qu'en enfer.

—« A coup sûr, les gens de votre race et de « votre nation remplissent l'enfer, reprit l'évêque, « en leur qualité d'hérétiques !—Alors, reprit le « barbare en se levant, à Dieu ne plaise que j'é- « vite les lieux habités par les miens ! » Et donnant une secousse au bras de l'évêque, il fit tomber le vase rempli d'eau lustrale, et le vase se brisa sur les marches de l'autel.

Eh bien, pour avoir commencé l'illustration de sa maison d'une façon peu chrétienne et tout empreinte d'une résistance à l'évangile, si loin de la soumission de Clovis, ce chef de la maison d'Egmont produisit, avec les siècles, une grande et puissante famille. A coup sûr, ils étaient de la race des héros, et ils étaient nés pour accomplir de grandes choses. A peine ont-ils quinze ans, on les voit qui se battent sur les bords de la Meuse et sur les rivages du Rhin pour les empereurs d'Allemagne, qui déjà s'inquiètent de ces terribles vassaux. Plus tard, même avant d'être princes à leur tour, ils se battent pour les ducs de Gueldre, de Clèves et de Juliers, gagnant toujours, en avancement d'hoirie, un bon lopin à ces batailles. Fils de

la guerre, ils grandissaient avec elle ; ils parta-
geaient volontiers toutes ses fortunes, battus
aujourd'hui, vainqueurs le lendemain, hardis
toujours. De ces Lamoral la race est partout
aux derniers jours du moyen âge. On les retrouve en Palestine, en Hollande, à Naples, à
Milan, à Alger, s'attachant à toutes les hautes
fortunes, et déjà se mêlant par mille alliances
aux princes de Lorraine, aux Fiennes, aux Vaudemont, aux Luxembourg. Ils étaient braves,
ils étaient beaux, ils étaient fiers, ils étaient
semblables au cheval de Job qui frappe du pied
la terre, et qui dit : « Allons ! » Figurez-vous des
Cobourg guerriers que poussent également le
souvenir de la grandeur passée, et l'espérance de
la domination à venir.

A côté de ces vaillants aventuriers de la
guerre, il y avait un certain empereur d'Espagne qui en voulait, lui aussi, à la domination
universelle, et qui prit à son compte ces Lamoral, bien décidé à leur faire part de sa fortune.
Voici donc Lamoral, prince de Grave, et chevalier de la Toison d'or, qui suit l'empereur Char-
les-Quint en Afrique, et qui plus tard se bat
pour lui, contre les princes de l'Allemagne pro-
testante. Il faut s'arrêter à ce comte d'Egmont,
le vainqueur de Saint-Quentin et de Gravelines ;

il avait sauvé l'Espagne et contenté Charles-
Quint qui savait la valeur d'une épée et le prix
d'un bon conseil. Il trouva dans ce Lamoral et
l'épée et le conseil, et l'esprit et le courage. Ah!
cette bataille de Gravelines et ce siége de Saint-
Quentin, deux chefs-d'œuvre. Un poëte, un
grand poëte, a fait, de cet illustre comte d'Egmont, un drame où toutes les majestés et toutes
les grâces de la force ont trouvé un emploi
digne du nom de Gœthe.

Héros malheureux, ce comte d'Egmont, il
avait droit à tous les honneurs du drame, et voilà
que Gœthe en fait une élégie. Ce fut pourtant un
crime épouvantable dés gouvernements absolus,
ce supplice du comte d'Egmont abandonné, par
Philippe II, aux sombres fureurs du duc d'Albe.
Contrairement à toutes les lois de la Toison-
d'or, on l'arrête, on l'enferme au château de
Gand, on le tient six mois au cachot, loin de
sa femme, et loin de ses onze enfants; en même
temps ses biens sont confisqués, et il faut que
la femme et les enfants du vainqueur de Gravelines tendent la main, pour vivre, au bourreau
des Pays-Bas. « Sa dite maison tant famée étant
« apparente de tomber en une extrême désola-
« tion, délaissant trois fils et huit filles dépour-
« vus! »

Ainsi il se débattit sous la main de cette fé-
roce inquisition d'Espagne , « qui était non
seulement inique et contraire à toutes les
lois divines et humaines, surpassant la plus
grande barbarie qui oncques fut pratiquée
par les tyrans, mais aussi telle qu'elle ne
pouvait redoubler sinon au grand déshonneur
du nom de Dieu et à la totale ruine et dé-
solation de tous ces Pays-Bas ; d'autant que
sous ombre de fausse hypocrisie de quelques-
uns, elle anéantirait tout ordre et police,
abolirait toute droicture, affoiblirait du tout
l'autorité et vertu des anciennes lois, cou-
tumes et ordonnances, ôterait toute liberté
d'opiner aux États du pays, abolirait tous
anciens priviléges, franchises, immunités ,
rendant non-seulement les bourgeois et habi-
tans dudit pays perpétuels et misérables escla-
ves des inquisiteurs, gens de néant, mais
assujétissant même les magistrats, officiers
et toute la noblesse à la miséricorde de leurs
recherches et vexations, et finalement expo-
serait tous les bons et fidèles sujets du roy
en évidents et continuels dangers de leurs
corps et biens. » Telles étaient les haines
et les répulsions ; au fond de ces haines il y avait
la *liberté de conscience*, et partant un crime
capital.

Voilà les causes et voilà le prétexte de la mort du comte d'Egmont et de son ami le comte de Horn. O grandeurs du supplice! O majesté de l'échafaud! Le bourreau peut tirer son glaive, il trace avec le glaive une auréole au front du martyr. Or, qui pourrait dire à quel point les échafauds politiques grandissent les hommes et leurs gloires? Chalais, Montmorency, Jeanne d'Arc, le comte de Horn, le comte d'Egmont, les frères de Witt, l'honneur même et la liberté de la Hollande... et tout ce noble sang, précieux à ce point qu'il a fécondé une généreuse semence d'idées et de principes au delà desquels il n'y a plus que l'abîme! OEuvre énorme des tyrans qui ont peur! Ils frappent, et chaque coup de hache fait surgir en même temps un vengeur et un martyr!

Ainsi, grâce à son supplice autant qu'à ses victoires, d'Egmont *le décapité* a mérité les honneurs poétiques, et, fécondée par ce noble sang, sa généalogie a grandi, et s'est glorifiée à l'avenant. De sa femme, Sabine de Bavière, qu'il avait épousée en la ville de Spire, d'Egmont le décapité avait eu, — le premier de ces onze enfants de l'échafaud, — un comte d'Egmont qui eut l'honneur d'être tué à la bataille d'Ivry, au moment où le blanc panache allait surmonter la

couronne de France. Le comte d'Egmont (en
souvenir du commun supplice) avait épousé une
fille du comte de Horn (car le bourreau rend sa
proie, et il arrive souvent que le supplice est
fécond plus que le mariage, et l'échafaud plus
heureux que le lit nuptial), et enfin de tous ces
d'Egmont des deux branches, un seul d'Egmont
avait survécu à tant de misères, à tant de grandeurs; même on eût dit que ce dernier des
comtes d'Egmont en avait reçu le contre-coup,
tant il était resté humble dans ses dignités,
réservé dans ses titres, humilié sous les honneurs dont il était comblé, simple et bon, sen-
tentieux et résigné.

Or ce dernier héritier de tant de seigneu-
ries, le mari de notre jeune comtesse portait en toute humilité le grand nom et les
grands titres que voici : Procope-François,
comte d'Egmont, duc de Gueldre, de Juliers et
de Berg, prince de Grave et du Saint-Empire,
marquis de Renti de Longueville, et de Leer-
dam, chevalier de la Toison d'or, général de
la cavalerie et des dragons du roi d'Espagne,
brigadier des armées du roi de France... et chevalier de ses ordres, et tant d'autres titres que
la mort emporte, et que l'histoire ne daigne
pas ramasser !

VIII

COMMENT FINISSENT LES GRANDES MAISONS.

—

C'est la fin ordinaire de ces grandes maisons;
elles succombent sous le faix même de leurs
grandeurs. Voyez-les, tous ces princes sur les-
quels ont pesé tant de renommée et tant de
gloire... A peine s'ils se souviennent des vieux
siècles et de la jeunesse de leurs pères :
la fatigue envahit ces. corps débiles, l'ennui
s'empare de ces âmes endormies, à peine s'ils
ont la force et le courage d'engendrer quelque
rejeton malingre, imbécile, estropié, qui meurt
obscurément, dans l'abîme de l'oubli, écrasé
sous le blason des croisades.

Tel était ce malingre comte Procope d'Egmont,

fléchissant sous toutes ses alliances et sous ses titres. Certes, le plus enviable de ces titres et la plus
charmante de ces alliances, y compris sa parenté
avec Robert de la Marck, *le sanglier des Ardennes*,
et même les alliances de sa famille avec la maison
d'Autriche, avec la maison d'Orange et de Nassau,
c'était justement d'avoir épousé cette jeunesse et
cette beauté, mademoiselle de Richelieu qui tenait de cette façon quasi royale à ce qu'il y avait
de plus ancien parmi les princes Lorrains, à ce
qu'il y avait de plus rare et de plus charmant
parmi la noblesse française... Là-haut les Capet,
et, plus haut, dominant toutes les têtes, M. le
cardinal de Richelieu.

IX

UN JOUR DE CHASSE.

—

Avant d'appartenir à ce marbre, à ce fantôme, à ce fossile, la jeune et charmante fille de M. le duc de Richelieu avait vu, à ses pieds, les plus jeunes et les plus beaux gentilshommes de la cour où son regard était un ordre, où son sourire était un enchantement. De ces jeunes gens beaux comme le jour, elle n'avait rien vu, ou rien entendu, et pas un n'avait pu se vanter d'avoir touché la belle indifférente. En vain les serments, en vain les paroles brûlantes! Elle était restée indifférente et calme au milieu de l'incendie. Elle recherchait le silence et l'ombre avec autant de soin que les jeunes filles de son

âge recherchent le mouvement et le bruit ; pas
une fois la subite rougeur n'avait monté à sa joue.
Elle était un problème, elle était un mystère;
on l'appelait *l'Hermine* et *la Vierge*, et elle portait fièrement ces beaux noms.

Hélas ! c'était pourtant, sous ces froids dehors,
une âme blessée, une âme en peine. Autrefois,
quand elle avait seize ans, elle avait rencontré
un jeune homme, et ce jeune homme... il regardait si tendrement mademoiselle de Richelieu, il savait si bien deviner et retrouver sa
trace adorée, il avait en lui-même tant de grâce
avec un si vif sentiment de l'obéissance et du
respect!... Où elle allait, il allait. A l'église, elle
le voyait prosterné au pied de l'autel. A l'O-
péra, il se tenait debout sous sa loge, immobile
comme ces deux gardes, de chaque côté du théâ-
tre, lorsque le roi assiste à la comédie. Elle
allait à cheval dans les bois de Marly, et le jeune
homme passait à cheval. Dans le bal, quand Sa
Majesté elle-même menait le menuet royal, mademoiselle de Richelieu retrouvait le jeune
homme, vêtu à ravir, et léger comme Vestris.
Et si habile et si heureux il était que pas un ne
s'aperçut des assiduités du jeune gentilhomme;
à peine si l'on savait son nom, il était silencieux
dans la foule, et il ne parlait qu'au roi quand

Sa Majesté lui adressait la parole, c'est-à-dire assez souvent.

Cette intrigue dura toute une année! Un jour, enfin, un jour de chasse dans le parc de Saint-Cloud, comme elle allait sur la verte pelouse au galop de son cheval, mademoiselle de Richelieu entendit... elle l'entendit venir. Comment elle devina que c'était *lui*, il n'y a qu'une femme qui le puisse expliquer, encore faut-il que cette femme ait à peine vingt ans; il accourut, elle piqua sa monture; il dévorait l'espace, elle franchit d'un bond la haie et le fossé, et, des bois de Saint-Cloud, dans cette course haletante, ils passèrent dans les bois de Ville-d'Avray; et tant il courut après elle, et tant elle courut devant lui, qu'il finit par l'atteindre, et seuls, dans cette ombre, ils osèrent se regarder face à face. Ah! comme elle se dédommagea de sa contrainte, et comme il racheta sa peine! Ils ne s'étaient jamais vus ainsi et tête à tête; ils n'avaient jamais entendu la voix l'un de l'autre; un mot leur suffit pour comprendre et pour se savoir à quel point ils s'aimaient.

X

SI PEU DE TEMPS DURA LA FAUTE...

—

Elle et lui, ils étaient deux jeunes gens nés sous la même étoile, et qui ne songeaient pas à l'obstacle. Il ne pensa pas même à lui apprendre qui il était ; elle ne se souvint pas de le lui demander. Il lui dit à peine qu'il l'aimait et que sa vie était sa vie ; il lui prit sa main comme s'il avait eu le droit de la prendre, et ils allèrent ainsi tous les deux, au pas de leurs chevaux, aussi légers, aussi heureux que si le monde allait finir.

Cependant, le jour baissait, le cerf dix cors venait de se rendre, le roi rentrait, et, dans ce pêle-mêle ardent d'une chasse heureuse, nul ne s'aperçut que mademoiselle de Richelieu avait

4

disparu. Un seul homme dans cette foule eut
vent de cette fuite, et il suivit à la piste la belle
fugitive : cet homme, c'était le père de la demoiselle absente, c'était M. le duc de Richelieu.

Il savait par cœur la jeunesse et les passions
de la jeunesse ; il se disait souvent que son sang
à lui ne pouvait pas mentir, et que mademoiselle de Richelieu n'appartenait pas si profondément à sa mère, qu'elle n'eût pas aussi quelques
étincelles du feu paternel ; si bien que, sans le
montrer, il surveillait sa fille avec une émotion
toute paternelle. Il voulait certes qu'elle fût heureuse... il voulait avant tout qu'elle fît un grand
mariage, et, comme il savait toutes les ruses des
amants, il eût fallu que celui-là eût été passé
maître en l'art de fourberie, qui en eût remontré
à M. le duc de Richelieu.

Eh bien ! cet homme habile et fin, à qui pas un
n'était étranger de tous les piéges de l'amour, y
fut pris tout comme un autre. Il perd de vue un
seul instant la jeune fille dont il était le gardien,
et la voilà sous les vieux chênes, cette fille si
bien gardée, qui prête une oreille attentive et
charmée aux plus tendres paroles de la plus
sincère passion !

Ce fut la première faute de mademoiselle de
Richelieu, et si peu de temps dura la faute, que

son père lui-même à peine se douta de ce discret amoureux... L'amoureux avait reconnu ce père irrité, et, d'un coup d'œil, prenant congé de sa dame, il avait fui de toute la vitesse de son cheval.

Ils revinrent au château, le père et la fille; elle rêvant, lui cherchant à comprendre pourquoi sa fille était rêveuse. Il n'avait pas vu le galant, et quand il rejoignit sa fille, elle était seule.... Il se demanda quel était le charme qui l'avait entraînée si loin, et il ne le voyait pas. Tant le roué le plus habile se voit déconcerté et déjoué, dans ses calculs, par un brin d'innocence et d'honnête amour.

XI

LE JEU DU ROI A VERSAILLES ET M. DE GISORS.

———

Le soir même, au jeu du roi, la foule était grande, le jeu était vif, et M. le chevalier de Gisors attirait tous les regards. Nous disons son nom pour la première fois, parce que ce fut en effet, pour la première fois, que mademoiselle de Richelieu entendit, ce même soir, appeler M. de Gisors. Autant jusqu'alors il avait été timide, humble et réservé, autant à cette heure il portait la tête haute. On lisait sur son front l'intime contentement de l'amour ; il portait dans ses regards toutes les charmantes insolences d'un homme heureux. Par son esprit, il allait de pair avec les plus grands seigneurs ; par sa bonne

grâce, il était le compagnon des plus belles dames
de la cour. Évidemment il était dans la faveur
du roi, car le roi lui dit à plusieurs reprises :

— Tenez-vous, Gisors?

— Je tiens, sire, disait-il en s'inclinant.

Et tantôt il gagnait, tantôt il perdait des sommes fabuleuses, aussi gai dans la perte que dans
le gain. La chance allait surtout du beau côté de
la jeunesse, quand mademoiselle de Richelieu
regardait ce beau joueur.

Un homme qui gagne au jeu sera toujours un
spectacle ; on veut savoir comment il est fait, ce
favori de la fortune ; on veut deviner par quelle
habileté sans nom il domine le hasard même, et
il semble que quelque chose va rester de son bonheur à ceux qui le contemplent. Que sera-ce donc
si vous ajoutez à ces enivrements, l'enivrement
d'un jeune homme qui tout à l'heure a touché,
pour la première fois, d'une lèvre enivrée et
tremblante, le beau front de sa maîtresse, qui
respire encore cette douce haleine, qui resplen-
dit de l'éclat de ces beaux yeux?

— J'ai tout perdu, dit le roi en quittant la
table de jeu, et à minuit, je rentre, j'espère que
tu me feras crédit jusqu'à demain, Gisors?

Alors chacun salue, et le roi passé en disant:

— Continuez, messieurs, si le cœur vous en

dit, et tâchez de venir à bout du chevalier.

— Ainsi, le jeu continua et se prolongea bien avant dans la nuit, Gisors tenant tête à tous et à chacun avec un entrain, une vivacité, une bonne humeur, que nul n'avait surpassés jusqu'à présent. Même parmi les courtisans assidus de cette élégante royauté qui tenait chacun et toute chose à sa place, il y eut comme un étonnement suprême de ce bruit, de cet éclat, de ce transport, de cette fureur et de cette faveur qui venait soudain prendre en flanc, comme un coup de canon, ce petit chevalier dont personne ici ne savait le vrai nom et ne connaissait la fortune. D'où est-il et d'où vient-il? Qui le connaît et quel aiguillon le pique en ce moment, de s'attirer à ce point le suffrage et le regard des dames, l'intérêt du roi, l'argent des plus riches, la curiosité de tous? Enfin, les uns et les autres, ces hôtes du grand Versailles, ils pressentaient que ce n'était pas parce qu'il était en train de leur gagner leur argent, et de leur extorquer leur admiration que ce petit chevalier semblait si heureux, ce soir.

Comme il avait déconcerté les plus intrépides joueurs, et fait reculer les héros mêmes du lansquenet :

— Pardieu, se dit à lui-même le duc de Richelieu, en voyant que sa fille était restée at-

tentive et curieuse à cette longue partie, elle qui
savait à peine comment était fait un louis d'or,
ce M. de Gisors m'a tout l'air d'un favori de la
fortune et de l'amour; voyons donc, par moi-
même, si véritablement il est invincible.

En même temps l'illustre maréchal-duc, prenant place en face même de M. de Gisors:

— M. le chevalier, lui dit-il, voulez-vous
permettre que je fasse votre jeu?

A quoi le chevalier répondit en s'inclinant.

Aussitôt le jeu, qui semblait suspendu «faute
de combattants», recommença de plus belle, et
vous pensez si les assistants furent curieux de
savoir comment jouait M. le duc de Richelieu,
qui ne touchait jamais une carte! — Il joue, il
perd. Il demande une revanche; il perd la revanche. Une seconde revanche; il perd de nouveau. Et, tout en perdant, il riait, il se moquait
du jeu et de la fortune; il demandait aux dames
si l'une d'elles voulait être de moitié dans son
gain. C'était un bel esprit qui aimait la raillerie,
à condition qu'il serait le railleur. Quant à se
troubler pour une somme d'argent, quelle que fût
la somme, il n'admettait pas que l'argent pût le
jeter en la moindre inquiétude. Enfin, s'il tenait
à gagner, c'était uniquement par amour-propre
et par vanité; en ce moment où tout le monde

le regardait, il eût donné mille louis pour en gagner cinquante à M. de Gisors.

De son côté, le chevalier portait impatiemment cette fortune. On voyait qu'il gagnait à son corps défendant, et qu'il aspirait à voir tourner contre lui-même cette chance heureuse qui le persécutait. Mais la fortune a ses caprices, et qu'elle vous aime ou vous haïsse, elle ne fait rien à demi. Tel, qui veut perdre absolument, se voit accablé sous l'implacable bonne volonté du hasard ; tel autre, qui sent suspendus à une carte sa vie et son bonheur, voit soudain tourner contre lui, même la certitude. On va gagner sans savoir comment on gagne, on va perdre sans savoir comment on perd. Bientôt on se pique, on se fâche, et je ne sais quelle rage soudaine gronde entre deux hommes qui étaient deux amis, il n'y a qu'un instant.

XII

HEUREUX COMME UN BATARD !

Mademoiselle de Richelieu qui contemplait
son père et qui savait combien, de sa nature,
il était impatient de l'obstacle, eut compris
bien vite, à sa façon de jouer, qu'il n'irait pas
loin, sans montrer sa mauvaise humeur. M. le
duc de Richelieu était une façon d'enfant gâté qui
ne comprenait pas que l'on pût résister à son
ordre absolu ; il déchirait sans pitié la *Dame* ou
le *Roi* qui donnaient un démenti à ses espérances,
encore fallait-il lui savoir gré de sa modération.

Ils jouèrent ainsi plus d'une heure au lansquenet, M. de Gisors et M. de Richelieu, puis le
maréchal voulut jouer au passe-dix, espérant

que les dés lui seraient plus favorables que les cartes ; rien n'y fît ; le dé du maréchal n'était jamais supérieur à celui du jeune homme. M. de Gisors, pâle et troublé, ressemblait au joueur qui a tout perdu.

Et le maréchal, quand il eut épuisé sa bourse, quand il eut pris de droite et de gauche dans celle de ses amis, quand il eut perdu un dernier coup sur sa parole :

— Allons, çà ! dit-il, encore une fois, jeune homme, et puis nous rendrons la liberté à ces dames qui nous regardent comme si elles n'avaient jamais vu deux joueurs.

En même temps il se levait, et, debout, il se mit à agiter lentement les dés dans leur cornet.

En ce moment sa fille, attentive à ce drame (elle comprenait que c'était un drame en effet, ce jeu cruel où se jouait sa vie entière), se tenait debout aussi, la main appuyée sur la table où s'agitait sa destinée ; la main était nue et le bras était nu. A ce bras, digne de la Minerve du Parthénon, brillait un bracelet ourlé de diamants et de perles ; diamants et perles avaient appartenu au cardinal de Richelieu, qui les avait achetés jadis pour les offrir à la reine de France. La reine les avait refusés, les trouvant trop beaux pour elle.

A l'aspect de ce bijou qui portait les armes de sa maison, M. de Richelieu, dont l'insolence ne connaissait plus de bornes, eut une malheureuse idée. Il détacha le bracelet, de ce bras blanc et froid comme le marbre :

— Monsieur, dit-il d'un ton dédaigneux, nous ne sommes pas assez liés, vous et moi, pour que je joue à crédit avec vous. Voilà mon enjeu.

En même temps il jetait à M. de Gisors le bracelet de mademoiselle de Richelieu.

A ce coup, le front de M. de Gisors se couvrit de honte, et peu s'en fallut qu'il ne rendît aussitôt outrage pour outrage... Un regard de celle qu'il aimait l'arrêta, et il se contint. Il fit mieux, il plaça le bracelet à son bras, sous sa manchette de dentelles, et il accomplit cette action avec tant de grâce et de respect mêlé de soumission, que chacun, hommes et femmes, l'applaudit du geste et du regard.

Cependant le maréchal, d'une main impatiente, agitait toujours son cornet, et enfin il amène... onze points !

— Bon, dit-il avec un sourire d'aise et de contentement, voilà enfin que M. le chevalier de Gisors va nous rendre ce bracelet qui va si bien à son bras de damoiseau.

Certes le mot n'avait rien de cruel, prononcé

d'une voix très-claire et très-calme. M. de Gisors, qui ne demandait pas mieux que d'être désarmé, sentit soudain s'abaisser sa colère ; mademoiselle de Richelieu sentit son cœur s'apaiser ; l'aise et le contentement étaient revenus à toute l'assistance, en même temps que M. le maréchal revenait à sa politesse, à sa gaieté, à sa bonne humeur.

M. de Gisors prit les dés à son tour, et, les jetant devant lui :

— J'ai perdu !... s'écria-t-il.

En même temps il détachait le précieux bracelet.

— Au contraire, monsieur, reprit le duc de Richelieu, vous avez gagné ; gardez mon gage, je le rachèterai demain.

Puis, lançant son cornet à toute volée :

— Heureux, dit-il, comme un bâtard !

XIII

TUER... LE PÈRE DE CHIMÈNE !

—

A ces mots qui furent entendus de tous, il y eut
une angoisse indicible. Mais M. de Gisors se
contint ; il salua froidement, et sortit sans mot
dire, abandonnant aux gens de service la somme
fabuleuse qu'il avait gagnée. En même temps
chacun se sépare en silence et regagne, à travers ces longues galeries, ce petit coin de chambre à coucher que le roi accordait, sous les com-
bles de son palais, comme une faveur signalée, à
ses plus intimes et plus chers courtisans.

Dans l'entre-sol qu'il occupait, à Versailles, en
qualité de premier gentilhomme de la chambre
du roi, M. le duc de Richelieu attendit que le

palais tout entier fût plongé dans le sommeil. Il avait remis sa fille à sa gouvernante, et, comme il la voyait pâle et tremblante : .

— A coup sûr, lui dit-il, ma chère enfant, il ne faut pas vous désoler parce que votre père aura perdu quelque argent ce soir ; soyez en repos et dormez en paix, vous aurez votre bracelet demain.

Puis, quand il pensa que sa fille dormait enfin, M. le duc de Richelieu ordonna que l'on fît entrer les témoins de M. de Gisors. Un seul se présenta, c'était un chevalier de Malte, ami de M. de Gisors, un soldat hautain, inintelligent et brave, roide comme une épée et moins flexible. Il venait, au nom de son ami, demander à M. le maréchal une excuse, ou tout au moins une réparation. A vrai dire, il ne voyait pas comment M. le maréchal, après une injure si gratuite, pourrait refuser d'en rendre compte. Ainsi ce chevalier, plus habitué à l'action qu'à la parole, en eut fini en quelques mots. Il attendit alors la réponse du maréchal.

M. le duc de Richelieu, cependant, s'était livré aux soins de son valet de chambre ; il se débarrassait de son Saint-Esprit et de sa Toison d'or ; il changea son habit de pourpre, de broderies et de dentelles, contre un habit sombre,

et son épée ornée de diamants, contre une arme
parée d'acier. Tout à l'heure encore il portait le
talon rouge au soulier, et le voilà qui chausse
des souliers de voyage. Il n'était pas plus sérieu-
sement botté et vêtu lorsqu'il partit pour Fontenoi.

— Vous voyez que l'on vous attendait, dit-il
au témoin du chevalier de Gisors; j'ai fait la
faute, il faut que je l'expie, et véritablement ce
pauvre garçon ne méritait pas ma mauvaise humeur; c'est bien le joueur le plus loyal... Toutefois, je maintiens ce que j'ai dit; à mon âge on
ne reçoit pas de leçons, on en donne, et quand on
se trompe on n'en convient pas. Hâtons-nous
cependant de régler cette affaire; il ne sera plus
temps demain. Demain, à son réveil, le roi sera
informé, et il ne voudra pas m'abandonner M. de
Gisors. Ajoutez que, tel que vous me voyez, prêt à
ferrailler comme un jeune homme, je suis le prési-
dent du conseil du point d'honneur, et que je devrais
être le premier à donner l'exemple de la modération. Croyez-moi donc, partons tout de suite.
Il fait beau, la nuit est claire, et délicieuse est la
saison; tout dort, j'ai le mot d'ordre, les gardes
nous laisseront passer. Et, de même que vous êtes
le témoin de M. de Gisors, vous voudrez bien
être aussi le mien, je l'espère. Trois... *jeunes*

5

gens qui se promènent en causant, par une belle nuit d'été, ça n'inquiète personne, et l'on va ainsi où l'on veut aller.

Alors il prit sans façon le bras du sombre chevalier de Malte, et ils allèrent retrouver, au bas du perron, M. le chevalier de Gisors.

M. de Gisors n'attendait que son témoin, et quand il vit que M. le maréchal duc de Richelieu venait à lui dans un habit de combat, il eut un grand moment d'orgueil mêlé d'une profonde tristesse. En toute autre occasion il se serait estimé heureux de toucher de son épée à cette illustre épée, et l'honneur était certes assez rare pour que l'on en fût glorifié ; mais se battre en duel contre le père de sa maîtresse, courir le risque d'attenter à cette précieuse vie, trembler que la main ne s'égare, et songer que peut-être Rodrigue tuera *le père de Chimène...* il y avait, certes, de quoi y songer.

Ces trois hommes se trouvèrent réunis sur la dernière marche du vaste escalier qui mène à l'Orangerie; alors ils convinrent de sortir du château, de traverser les jardins, et de marcher dans la libre campagne, jusqu'au moment où va se montrer, à travers le nuage déchiré, le premier rayon du soleil matinal.

XIV

—

Cela étant convenu, ils se mirent tous les trois
en route, et ils descendirent, d'un pas silencieux,
jusqu'au tapis vert qui conduit, comme on sait,
au grand canal. Sur les bords du canal une barque était amarrée; on eût dit qu'elle attendait
le caprice et la volonté du maître; les rames
pendaient de chaque côté de la barque; la barque
était garnie, à ses deux bancs, de ses coussins de
velours bordés de brocart.

— Ma foi, dit le maréchal, si vous m'en
croyez, messieurs, nous profiterons de ce coche

enchanté. Vous êtes jeunes et vous avez le pied marin, vous surtout, M. le chevalier de Malte; eh bien! qui empêche que nous allions par eau à notre rendez-vous, sur la terre ferme?

En même temps il sautait dans la barque, et les deux chevaliers, assis chacun à son poste, se mettaient à ramer en silence. Celui-ci, le chevalier de Malte, fendait d'un bras vigoureux ces ondes paisibles, celui-là, M. de Gisors, effleurait à peine ce lac limpide comme un miroir! On eût dit que le premier allait à la bataille, on eût dit que le second revenait d'un rendez-vous d'amour! Entre ses rameurs, le vieux maréchal ressemblait à quelque héros passant le Styx. Il n'y avait certainement, sous la voûte des cieux de Versailles, que le duc de Richelieu pour se faire porter ainsi à un rendez-vous de combat, par son adversaire et par son témoin.

Ce voyage à travers ces rivages de marbre et de gazon, cette barque légère qui glisse entre ces ondes complaisantes, le bruit du flot frappé par la rame obéissante, ces douces clartés qui tombent de l'étoile préposée au sommeil du roi de France, le bruit agité de ces campagnes où la royauté, en passant, laisse toujours un peu du bruit et du mouvement qui marchent avec elle; ici Trianon endormi dans ses vieux arbres, et là-haut le palais de Louis XIV, plongé dans un silence digne du silence éternel... Ajoutez le calme de ce vieux seigneur, à demi couché sur ces coussins où la favorite a laissé, tantôt, la trace ardente de son pied et les parfums de sa personne, et vous aurez quelque chose d'approchant de toutes les émotions qui agitent l'âme et l'esprit de M. de Gisors, lorsqu'il promène, en ramant, cet homme dont il adore la fille, et qui l'a insulté, en présence même de ses amours.

— Tout beau, messieurs, disait le maréchal à ses rameurs, qui vous presse, et pourquoi vous hâter? De bonne foi, nous ne pouvons pas tirer l'épée avant le jour; or, qu'avons-nous de mieux à faire, puisque tout nous y convie, et l'heure tardive, et les douces odeurs qui montent de ces jardins en fleurs, et l'eau qui se tait, et Phœbé qui nous regarde comme si vous ou moi nous nous appelions Endymion, que de nous promener doucement sur le canal du roi Louis XIV? Même j'ai vu le grand roi, dans cette barque et sur ces eaux, le dernier jour où il prit congé du monde et de la gloire, de la vie et de la toute-puissance. Il était calme, et tout semblable au soleil à son couchant.

Et, comme il parlait admirablement de ce grand siècle et de ce grand roi, dont il rendait témoignage, il se fit écouter de ces deux hommes qui lui servaient de rameurs, et, pour l'entendre autant que pour lui plaire, ils ralentirent le mouvement de leurs rames, laissant la barque arriver doucement à l'extrémité de cet océan de gouttes d'eau, sur lequel avaient glissé, les premières, les vraies nymphes de ces eaux limpides, mademoiselle de Lavallière, mademoiselle de Fontanges et madame de Montespan !

A l'extrémité du canal, ces trois hommes mirent pied à terre ; le chevalier de Malte en vrai marin, qui a fait toutes ses caravanes, rentra les rames et attacha la barque au rivage ; à ces signes on reconnaissait l'homme qui avait commandé les galères du roi, et qui se souvenait des moindres détails de sa profession. Au fond de l'avenue, une porte s'ouvrait sur les jardins du vaste potager ; M. de Richelieu en avait la clef : il ouvrit cette porte, et quand il eut fait passer devant lui ses camarades, il la referma avec soin. Cet obstacle étant franchi, il fallut marcher, une heure encore, dans cette seconde enceinte, et Dieu sait l'abondance des fruits, l'abondance des fleurs ! Dans cette ombre éclairée, l'espalier brillait comme s'il était chargé d'escarboucles ; l'oranger remplissait l'air de ses suaves senteurs ; la treille pliait sous la vendange ; caché

sous le réséda mêlé aux douces violettes, le
grillon chantait son hymne aux nuits paisibles.
On entendait, au loin, le chant des coqs et les
aboiements du chenil; à chaque pas quelque gibier
s'agitait dans ces herbes fraîches; tout grouillait
dans les eaux, tout commençait à gazouiller dans
les arbres; l'insecte éveillé en sursaut, et voyant
tant de clarté, saluait le jour. O rêve! ô réveil!
ô beautés de la vie! ô grandeurs du soleil!

Quand les derniers jardins furent traversés,
et quand le dernier fossé fut franchi, et quand
ils eurent gagné le vaste sentier qui conduisait
aux derniers domaines de madame de Maintenon,
à Saint-Cyr, ces trois hommes marchèrent d'un
pas moins hâté, comme s'ils voulaient reprendre haleine. En ce moment chacun se taisait, et
lui-même, M. le maréchal, semblait respecter le
silence de ses compagnons. Sous un vieux chêne
où messieurs les gardes de la chasse du roi
avaient établi un banc de gazon, nos trois pro-
meneurs s'arrêtèrent, et, les yeux tournés du
côté de l'orient, ils attendirent le signal, qui leur
sera donné de là-haut.

Déjà le ciel se colorait de cette première
pourpre qui précède, en l'annonçant, l'astre
du jour. Le soleil impassible, éternel, montait,
il se précipitait dans sa gloire, et tout de suite

il fit jour et grand jour. A l'instant même
éclata, dans la nature réjouie et reposée, un
immense *In excelsis Deo*.

XV

L'ÉPÉE AU VENT ET LE BRACELET.

—

— Allons, çà, messieurs, le soleil lui-même a frappé les trois coups. L'épée au vent ! s'écria, le premier, M. le duc de Richelieu. Nous cherchions le point du jour, le voici !

Puis d'un ton grave et d'un accent vraiment paternel :

— M. de Gisors, dit-il au jeune homme, avant de croiser le fer avec vous, je veux vous dire que je vous tiens pour un galant homme, et pour un homme d'honneur. Je ne vous connais pas, il me semble qu'un mystère pèse sur votre destinée et je le devais respecter ; certes le mot d'hier était cruel : je le retire, et vous voyez que je vous traite en gentilhomme. Ayez cependant la bonté de considérer que j'avais à me plaindre de vous; j'en atteste l'intérêt que vous inspirez à une dame dont la main n'appartiendra qu'à un prince, et que vous ne devez plus revoir !

A ces paroles d'un homme qui avait au suprême degré, non pas la conscience, mais le tact de ce qu'il allait dire et de ce qu'il allait faire, M. de Gisors répondit qu'il était touché de l'honneur que lui faisait M. le duc de Richelieu, et que s'il ne tenait pas à répondre convenablement à tant d'honneur, il se tiendrait volontiers pour satisfait des paroles qu'il venait d'entendre. Quant à la plainte de M. le duc de Richelieu, il se souvenait aussi (et il en convenait) qu'il avait porté ses vœux et ses espérances plus haut qu'il n'était permis à sa fortune, et il comprenait le mécontentement de M. le maréchal.

En même temps il fit le salut de l'épée, et ils en vinrent aux mains avec plus d'ardeur qu'on n'eût pu croire, à les voir se parler si poliment.

Ces hommes d'épée, une fois qu'ils sentent le fer, ont grand'peine à modérer leur ardeur. En vain l'on se dit, à soi-même, que l'on sera calme... aussitôt que l'affaire est engagée il arrive que s'en va toute résolution de ne pas la mener jus-

qu'au bout. Ce fut ainsi que des deux parts chaque adversaire arriva sur le champ de bataille
bien décidé, M. de Gisors à ne pas tuer le maréchal de Richelieu, M. le duc de Richelieu tout
disposé à épargner M. de Gisors... Certes un
coup d'épée au premier sang suffirait à la justi-
fication de celui-ci, à l'orgueil de celui-là.

Mais quand il vit au poignet de M. de Gisors
le bracelet de mademoiselle de Richelieu, le fier
gentilhomme fut saisi d'une immense envie de
le reprendre, et d'un coup de pointe il porta en
plein dans ces diamants et dans ces perles où
se brisa la pointe de l'épée; en même temps,
quand il sentit ce fer qui touchait le bracelet de
sa maîtresse, M. de Gisors, oubliant toute
modération, se mit à défendre avec rage ce ta-
lisman qu'il portait avec amour. Donc, le combat
s'engagea vite et bien, avec la même volonté et le
même acharnement des deux parts.

Si le jeune homme était hardi, léger, bondis-
sant, le vieux gentilhomme, en revanche, était
calme et fort; celui-là procédait par d'impé-
tueuses saillies, celui-ci procédait par le sang-
froid; l'un se jetait en avant, à tout hasard,
l'autre attendait, tout prêt à profiter de cet
emportement maladroit. En un mot, c'était un
vrai combat entre ces deux hommes, et, si les

paroles étaient courtoises, les épées certes ne
l'étaient pas.

A la fin il arriva ce qui devait arriver : le
jeune homme se blessa lui-même, à l'arme de
son adversaire et il fut bien heureux que M. le
maréchal eût conservé son sang-froid, sinon il
était mort. Il tomba cependant sur le gazon hu-
mide encore de la rosée matinale, et son premier
soin fut de détacher le bracelet et de le rendre à
M. le duc de Richelieu.

— Êtes-vous donc blessé si fort que vous ne
puissiez pas vous relever ? s'écria le maréchal.

— Ce n'est rien, monseigneur, reprit le chevalier de Malte, je réponds de M. de Gisors.

—Allons, reprit M. de Richelieu en regardant
le soleil, je suis de service aujourd'hui et je puis
encore être au petit lever... Bonne chance, messieurs !

XVI

LA BLESSURE DE M. DE GISORS ET LE MARIAGE DE LA JEUNE PRINCESSE.

—

Ce fut ainsi que grâce à son courage, à sa prudence, à son esprit, M. le duc de Richelieu vint en grande protection à cette enfant de son cœur. Il lui apprit, avec tous les égards qu'une mère aurait pour sa fille, la blessure de M. de Gisors, et bientôt le départ du chevalier pour cette même île de Malte où l'appelait la guerre contre les corsaires. Plus tard encore il rendit à sa fille son bracelet où se voyait le coup de l'épée. — Et tu peux dire que ton bracelet lui a sauvé la vie, ma fille. — Enfin, quand la douleur sembla tout à fait calmée, il maria la jeune

princesse au comte d'Egmont, dans tout le pres-
tige du nom, de la puissance et de la fortune,
et dans un comble prodigieux de succès, d'adorations, de faveur et de respects.

Cependant, au milieu de ces splendeurs à rendre les reines jalouses, la comtesse d'Egmont, dans
toute la fleur de son bel âge, et dans tout l'é-
clat de sa souveraine beauté, semblait porter un
intérêt médiocre aux choses d'ici-bas! Elle était
sérieuse et calme, fuyant le bruit, fuyant le
grand jour, évitant Versailles, et ne parlant au
roi lui-même, qu'à de rares intervalles. Rarement on l'avait vue sourire, et son sourire était
doux comme son visage! Elle vous regardait
sans vous voir ; ses beaux yeux étonnés passaient
d'un objet à un autre objet, sans que l'on pût
dire, à coup sûr, si elle avait reconnu quelqu'un
ou quelque chose. En vain autour d'elle, à sa
droite, à sa gauche, à ses pieds, bondissaient
ces passions, ces amours, ces délires de la tête
et des sens, rien ne semblait l'intéresser, et rien
ne semblait lui plaire. Elle était indifférente
même à la gloire ; de ce grand bruit de philosophie et de révolte qui se faisait autour d'elle,
jusqu'à défier la foudre de Dieu, elle entendait
à peine un écho. Ces grands noms de chaque
jour, cette noblesse nouvelle, qui se manifes-

taient au monde épouvanté, parmi les tonnerres
de Voltaire et les éclairs de Diderot, ne trou-
blaient pas cette âme tranquille et profonde ; elle
passait, et chacun lui faisait place, étonné de cette
ombre qui tenait à peine à la terre des mortels.

En vain ces renommées, ces oppositions, ces
gloires, ces batailles, ces révoltes, ces esprits,
ces montagnes, l'Encyclopédie et ses démons,
l'Académie et ses fantômes, le Parc-aux-cerfs et
ses spectres, M. de Choiseul et ses bons mots ;
en vain la maîtresse royale et le Pandémonium
qu'elle traînait avec elle, avec un bruit à épou-
vanter le ciel, à réveiller les morts, à abasourdir
le monde épouvanté... à ces révolutions en
germe, madame d'Egmont restait étrangère. Elle
ne vivait pas de la vie accoutumée. M. le duc de
Richelieu lui-même, ce duc et pair de tous les
vices charmants et de toutes les vertus élégantes,
avait renoncé à la distraire de ses songes!
Aussi la voyant insensible et muette à ce point,
chacun se demandait ce qu'elle avait fait des
grâces éloquentes de son esprit, cette jeune
femme enfouie au fond de ce pavillon de Hanovre, qui était un monde à part au milieu de
Paris.

Il n'y a plus aujourd'hui, dans ce Paris changé
et bouleversé de fond en comble, une seule

maison, même princière, qui se puisse comparer à l'hôtel que M. de Richelieu avait construit
pour servir d'abri à sa fortune, à sa gloire, à
son génie. On a fait de cette maison une place
publique; on a bâti, je l'ai dit, une ville sur
l'emplacement de ses jardins. A voir, au siècle
passé, ces murailles sombres, ces portes discrè-
tes, ces fenêtres fermées, ces préaux silencieux,
on eût pensé à quelque prison d'État... prison
au dehors, Louvre au dedans. Ces grilles renfer-
maient des chefs-d'œuvre, ces murailles conte-
naient des trésors.

Ordinairement M. le maréchal habitait le palais de Versailles; la cour était sa patrie, et
quand par hasard il vivait à Paris, certes les
retraites galantes ne manquaient pas à son caprice. Il possédait, dans deux ou trois faubourgs
reculés, des toits mystérieux, des asiles discrets
où il avait toute liberté et toute licence. En
revanche il respectait sa maison, cet homme qui
ne respectait pas grand'chose; il avait peur de
sa fille, ce maréchal qui n'avait peur de rien et
de personne. Dans ce vaste emplacement qui
suffisait à peine à contenir sa toute-puissance, il
voulait que tout sentît son grand seigneur, et en
même temps il se faisait humble et petit, se con-
formant volontiers à la tristesse et au silence de

cette enfant qu'il aimait, beaucoup plus qu'un égoïste ne peut aimer.

Le jour où commence en effet cette histoire qui n'a guère d'autre intérêt que l'intérêt même de ces grands noms, évanouis dans l'indifférence moderne, madame la comtesse d'Egmont, s'abandonnait librement à sa passion pour la solitude. Elle s'enivrait d'isolement et de silence, autant que les jeunes femmes de son âge s'enivraient de bruit, d'intrigues et de vanité. La journée était sombre, l'hiver était proche, et semblait justifier ce grand silence. Qui eût osé la troubler dans sa retraite, eût été le malvenu certainement, tant cette femme était maîtresse absolue *en son chez-soi*.

XVII

LA PRINCESSE DE GRAVITÉ.

——

« Ne touchez pas à la hache, » disait souvent
M. de Richelieu parlant de sa fille qu'il appelait
la princesse de Gravité ! C'est pourquoi il attendait volontiers, quand il voulait la voir, que
sa fille fût visible, que l'accès de cette tristesse
profonde eût eu son cours, et que la grande dame,
enfin rendue à elle-même, fût redevenue une
femme pleine de grâce et d'esprit, dont le sourire,
dont la voix, dont le regard, dont le geste royal,
charmaient tous les esprits et passionnaient tous
les cœurs. Car une fois dans le monde, et sous le
regard paternel, la comtesse redevenait une
femme du monde : elle était fière, elle était vive,

elle était belle ; elle parlait éloquemment, contre toutes les innovations que le xviiie siècle, à force d'intelligence, à force de courage et d'esprit, par la bonne grâce et par la violence, introduisait, chaque jour, dans les lois et dans les mœurs !

Car, pour être dans le vrai avec cette aimable femme, il ne fallait pas la prendre au dernier mot de son indifférence et de son mépris pour le monde extérieur. Elle rêvait, mais elle avait des réveils puissants en colères soudaines. Elle aimait et recherchait le silence, mais tout d'un coup, si elle prenait la parole, sa parole touchait à l'éloquence. Elle semblait ne rien entendre et ne rien comprendre... elle devinait et pressentait véritablement toute chose. Enfin, cette jeune femme, par son intelligence, par son esprit, par sa grâce parfaite, par cette rare élégance de manières qui commençait à se perdre, et dont elle n'avait rien perdu, appartenait bien plus à la société passée qu'à la société présente ; bien plus à Louis XIV, le grand roi, qu'à son indigne petit-fils. Elle eût été la passion de madame de Maintenon... elle n'eût pas accordé un regard à madame du Barry.

Toutefois, si parfaite, elle avait plusieurs des rares défauts de la vertu, à savoir l'ironie et le

dédain, et le mépris, voisin de l'insolence, pour
tout ce qui n'était pas net, clair et parfaitement
vrai. Ainsi, elle marchait, tête levée, au milieu
des passions et des périls de tout genre ; et si sa
robe allait frôlant une femme équivoque, elle
retirait sa robe, à la façon de l'homme qui évite
une tache de boue... Un mot qu'elle n'eût pas
pensé, elle ne l'eût pas dit, pour une couronne.
Ainsi faite, elle était la terreur de la cour ; le
roi lui-même en avait peur.

Et de même que très-souvent elle sortait de
son indifférence, par un éclat subit de colère ou
d'indignation, très-souvent aussi, au beau milieu
de ses discours, revenaient les absences de cet
esprit qui ne demandait qu'un prétexte à courir
les aventures au delà du monde réel. A l'instant
même où les plus beaux salons la croyaient
attentive, on la voyait soudain tomber dans ses
rêveries profondes ; son œil bleu devenait fixe, et
son sourire se perdait au loin, dans ce monde
sans forme qui est l'avenir des âmes tendres ;
on eût dit, à la voir immobile et inattentive,
qu'elle parlait tout bas en elle-même, à un être
invisible qu'elle voyait dans son âme et qui lui
répondait.

Hélas ! ces visions n'étaient que trop réelles,
ses souffrances n'étaient que trop vraies. Depuis

le jour funeste où elle avait vu M. de Gisors en
proie à la fièvre du jeu et emporté par la fortune,
elle n'avait plus entendu, sans frémir, le bruit
du cornet où retentit le dé du joueur, le son de
l'or qui va et qui vient de celui-ci à celui-là ;
elle devinait même le frôlement des cartes, bat-
tues l'une à l'autre, et ce bruit lui donnait la
fièvre. Infortunée, et d'autant plus à plaindre,
qu'elle vivait dans un siècle moqueur et sceptique, également prêt à rire, et à douter ! Dans
ce siècle de folles joies, de plaisirs furieux et de
fêtes sans lendemain, que pouvait attendre une
jeune femme atteinte de ces fièvres et de ces
ennuis sans nom, dont pas un poëte encore ne
savait le secret ? Que pouvait-elle espérer de ces
héros du dernier carnaval, cette femme qui aimait, qui souffrait et qui se mourait en silence ?

Elle n'attendait rien d'ici-bas. Elle refoulait
sa poésie, avec son amour et sa souffrance au
fond de son cœur !

XVIII

———

Dans ce vaste hôtel qui portait le nom de
M. de Richelieu, madame d'Egmont avait ar-
rangé, à son usage, une retraite cachée où son
père, aux grands jours seulement, et son mari
osaient parfois se hasarder. Le jour dont je
parle ici, madame d'Egmont était seule en son
oratoire, lorsque M. le maréchal de Richelieu se
présenta chez sa fille. Il entra si doucement, ou
bien elle était si profondément attentive aux douleurs qui se plaignaient dans son âme, qu'elle ne
l'entendit pas venir. Le vieux courtisan, voyant

sa fille immobile en ses contemplations, s'arrêta
indécis; il allait même se retirer, et remettre à
une heure mieux choisie la confidence qu'il avait
à faire, lorsque tout à coup la comtesse, sortant
de sa rêverie, leva la tête, et regarda son père
comme si elle eût été réveillée en sursaut.

Elle était d'une pâleur extrême, son œil était
sec, sa bouche était fermée, sa main droite ser-
rait sa main gauche, à la briser. Un autre
homme, moins heureux que M. le maréchal, à
voir ce visage tendu et ce beau front tout couvert de nuages, eût compris que c'était là une
femme blessée au cœur; mais à ces maladies
morales que pouvait comprendre M. le duc de
Richelieu? La mélancolie était une maladie inconnue en ce temps-là. Une femme à la mode
avait des vapeurs tout au plus, et M. de Richelieu savait très-bien le sens de ces vapeurs! Au
reste, la comtesse fut bientôt revenue de son
effroi : son front se détendit, la douce couleur
revint à sa joue, le mouvement à son sein, le
sourire à ses lèvres. Elle présenta, en s'inclinant, ses deux belles mains à son père, et celui-
ci se figura qu'elle venait de se réveiller.

Quand il eut bien regardé sa fille, avec autant
d'amour qu'il en pouvait trouver dans son cœur,
et qu'il eut retrouvé madame d'Egmont préve-

nante, docile, soumise, pleine de déférence et de respect :

— Vous êtes surprise de ma visite, lui dit-il, et vous le serez davantage quand vous en saurez le sujet; mais je vous jure, mon enfant, que si c'était toute autre que vous, et que si vous n'aviez pas dans les veines du bon sang de Lorraine et de Richelieu, j'aurais hésité à vous faire la demande que je vais vous adresser.

Ainsi parlait le maréchal; en même temps, sa fille le regardait d'un air étonné, mais aussi sans inquiétude, comme une femme, que rien ne peut plus intéresser en ce monde, et qui est prête non-seulement aux accidents les plus étranges, mais encore aux événements les plus vulgaires.

Ainsi, elle attendit sans impatience et sans résignation. On reconnaissait à son attitude un esprit sans reproche et sans peur.

De son côté, quand il eut donné à sa fille le temps de se reconnaître et de répondre à sa prière, M. le duc de Richelieu :

— Mon enfant, reprit-il, je vous ai souvent parlé d'un mystérieux gentilhomme avec qui j'ai fait mes premières armes, et qui s'est toujours rencontré prêt à me servir, et à me sauver dans

les grands événements de ma vie! Il doit être un
peu plus vieux que moi, mais pas de beaucoup.
Nous avons assisté l'un et l'autre à la bataille de
Denain, où j'ai pris un drapeau, mais le soldat
qui portait le drapeau avait été tué par ce gentilhomme. Ce fut lui qui me ramassa, brisé que
j'étais d'un éclat de pierre, sous les murailles
de Fribourg, et M. le duc de Villars me donna,
pour ma belle action, le cordon rouge.

Quand mourut mon père, me laissant libre
d'errer tout à l'aise dans cette carrière des grandes actions et des grandes folies, l'homme dont
je parle me conseilla d'accepter les dettes que
laissait M. le duc de Richelieu, et il m'aida à les
payer.

En plusieurs circonstances difficiles, je l'a
retrouvé au moment où j'en avais le plus grand
besoin, tantôt pour me donner un bon avis
tantôt pour m'éviter un coup d'épée! Il avait
pour moi de ces sourires qui sont une louange
il avait de ces regards qui sont un châtiment
Certes, je ne vaux pas grand' chose, et le peu
que je vaux, c'est à ce galant homme que je le
dois!

Il m'a protégé auprès de M. le régent qui
m'aimait guère; il a traîné, pour mon compte
sur le préau, M. de Gacé, le fils du maréchal

Matignon, un grand bretteur, et c'est lui-même qui m'a enseigné à parer cette fameuse botte secrète qui faisait peur aux plus habiles et qui intimidait les plus braves. J'ai même retrouvé ce précieux ami à ma première ambassade, lorsque le cardinal de Fleury m'envoya représenter la France à la cour du roi Philippe V. Que vous dirai-je encore? le jour où fut découverte la conspiration de Cellamare, s'il manqua, dans mes papiers, une preuve, cette preuve avait été enlevée par les soins de mon mystérieux protecteur. Si bien que des quatre têtes que M. le régent voulait absolument couper sur le cou de votre père, il me resta celle-ci dont vous n'avez pas trop à vous plaindre, mon enfant.

Aux paroles de son père, madame la comtesse d'Egmont se sentit touchée. Elle l'aimait; depuis son enfance elle s'était habituée à l'honorer, et maintenant qu'il lui racontait, avec tant de simplicité et de naturel, les diverses actions de sa vie, elle redoublait de zèle, de déférence et d'attention.

Quand il vit l'émotion de sa fille, M. de Richelieu continua son récit commencé.

— D'où me vient une amitié si tenace, et pourquoi donc cet homme, que j'ai à peine entrevu, m'a-t-il entouré de cette adoption puis-

sante? Voilà, mon enfant, ce que je ne saurais
vous dire; ce qui est vrai, c'est que jamais son
amitié n'a manqué à ma jeunesse, à mon âge
mûr et même aux premiers jours de ma vieil-
lesse qui commence, et qui durera longtemps, je
vous jure. Ainsi, grâce à ce bienfaiteur in--
fatigable, j'ai évité toutes les embûches, j'ai
déjoué tous les piéges. Grâce à lui, je suis venu
à bout des infamies et des trahisons du cardinal
Dubois; j'ai lassé la surveillance du cardinal
enfermeur, le cardinal de Fleury; j'ai échappé
aux embûches de madame de Prie, et le jour où
M. de Riperda, moi présent, voulut prendre le
pas sur l'ambassadeur du roi de France, mon
homme était là qui m'aida à insulter M. de Riperda.

Voilà comment cet homme a été mon bon
génie en toutes choses. Il m'a donné l'exemple
de toutes les magnificences; il m'a appris les
paroles qui se font écouter au Vatican; il m'a
enseigné l'art de parler au roi et aux femmes, et
de les flatter sans s'avilir. Quand j'eus le malheur de tuer le comte de Luxen, votre oncle
maternel, qui m'avait attaqué dans l'honneur de
ma maison, chacun me regardait avec horreur,
mon guide seul approuva ma vengeance, il la
soutint légitime. « Oui, me dit-il, vous avez eu

raison de tuer M. de Luxen, puisqu'il insultait les hommes du nom de Richelieu ; mais en revanche il faut absolument que vous soyez tué, demain, sous les courtines de Philipsbourg ; allons-y donc. » Et du même pas il me mena sur la tranchée, où je fus laissé parmi les morts ! Ce fut lui qui me rapporta de la bataille, et qui me fit lieutenant général et cordon bleu !

Ainsi, ma fille, vous comprenez que je serais un gentilhomme indigne de voir le jour, si j'oubliais un seul instant tous les bienfaits dont j'ai été comblé par cet homme-là. Toute ma vie je l'ai aimé comme on aime un père, et je l'ai redouté comme on redoute un censeur. A toute heure il me semblait qu'il était près de moi, ce témoin invisible de toutes mes actions ; à chaque instant je me demandais ce qu'il allait penser de moi. Présent, j'aurais voulu le fuir ; absent, j'aurais voulu le rappeler. Depuis longtemps cependant il s'était éloigné et m'avait laissé à moi-même. Il m'avait quitté lorsque à une guerre honorable eut succédé cette paix frivole et déshonorante où nous nous plongeons aujourd'hui, enivrés que nous sommes d'oisiveté, de luxe et d'ironie, attendant je ne sais quelle catastrophe, au milieu des louanges et des blasphèmes, et regrettant les longues batailles qui étaient jadis les grandes excuses aux innocentes perversités de notre jeunesse.

Enfin, ma fille, vous voyez que je dois beaucoup à cet homme : il m'a aimé beaucoup plus que ne m'a aimé monsieur mon père; il m'a protégé en toute espèce de péril; il m'a défendu en toutes sortes de dangers; il m'a conseillé, il m'a prêché, il m'a prêté de l'argent pour payer mes dettes d'honneur. Il était à mon côté dans les plaines vaillantes de Fontenoi, m'indiquant les quatre canons qui ont brisé la colonne ennemie, et si j'ai sauvé l'honneur du roi, c'est que mon maître l'a voulu. Que vous dirai-je après ces exemples, après ces services? et comprenez-vous, mon enfant, que je tienne à contenter ce galant homme, au moment où il invoque, pour la première et pour la dernière fois, les longs services qu'il m'a rendus?

XIX

—

Il y avait tant de feu, d'énergie et de confiance dans l'appel du vieux gentilhomme à sa fille, que madame d'Egmont, s'inclinant profondément :

— Eh bien ! monsieur, dit-elle à son père, que pouvons-nous faire et que puis-je faire moi-même pour reconnaître de si grands bienfaits ? Vous savez que je vous aime, que je vous honore, et que vos moindres désirs seront toujours pour moi des ordres absolus !

— Nous pouvons, nous devons faire ceci, mon enfant ; obéir en toute confiance, en toute

soumission au vidame de Poitiers, car c'est
maintenant le titre et le nom que se donne mon
gentilhomme. Voici déjà longtemps qu'il s'est
retiré du monde, et qu'il vit en plein silence, en
pleine solitude, au fond d'une antique masure
du Marais, bâtie et meublée au temps du roi
Louis XIII. La maison, m'a-t-on dit, a été bâtie par M. le cardinal mon grand-oncle, qui
l'avait donnée à Marion Delorme. On dit aussi
que le lieu est sombre et triste. Ceux qui passent par hasard sous ces voûtes solennelles pré-
tendent que ce lieu est *hanté*, que l'on y voit
des fantômes, et que l'on entend, à minuit, des
gémissements et des plaintes. Ceux qui parlent
ainsi sont de hardis inventeurs, car nul ne
peut dire ce qui se passe en cette maison. Quand
on frappe à la porte obscure de ce manoir tout
bardé de fer, la porte ne s'ouvre pas. Les fenêtres en sont fermées, les murs sont muets, la fumée
même est discrète, et elle se cache. Enfin on ne
sait rien de ces solitudes. Certes, le roi s'ennuie
et il est curieux de nouveautés. Eh bien, ni le
roi, ni le lieutenant de police, ni moi-même,
personne ne sait ce qui se passe en cette maison,
que chacun respecte. Enfin, après vingt ans de
cette vie et de ce silence, voici mon vieil ami,
le vidame de Poitiers, qui se réveille et qui

m'écrit. Ce qu'il me demande, devinez-le, mon enfant, s'il vous plaît.

— Moi, mon père! dit la comtesse légèrement émue.

— Vous-même, ma fille, ou plutôt, sans vous mettre à la torture, lisez la lettre qu'il m'écrit du fond de ce tombeau dont il n'est sorti que deux ou trois fois, toujours pour me défendre et pour me protéger.

« — Je vais mourir, mais avant ma mort il faut que je parle absolument à mademoiselle de Richelieu, à madame la comtesse d'Egmont, veux-je dire. Mettez à ses pieds les derniers vœux, et s'il le faut, les dernières volontés d'un vieillard. Adieu! »

À la lecture de ce billet funèbre, écrit d'une main ferme encore, madame la comtesse d'Egmont sentit le frisson courir dans ses veines. Il lui semblait que l'écriture de ces lignes ne lui était pas inconnue, et qu'elle avait vu ces rudes caractères sur quelque billet dont elle se souvenait confusément. En un mot, elle eut peur, non pas à la seule idée de ce vieillard qu'elle allait voir tête à tête et gisant sur son lit de mort, mais encore à je ne sais quel secret pressentiment qui l'avait saisie. C'est pourquoi elle voulut tout d'abord traiter en plaisantant la fantaisie

7

de cet homme qui la faisait demander, quand
c'était un prêtre ou un confesseur qu'il fallait
appeler. Mais quel fut l'étonnement de la comtesse quand elle vit son père, son père lui-
même qui riait de tout, ne pas sortir un moment
de sa gravité, et lui déclarer positivement qu'elle
irait ce soir même, et seule, au rendez-vous
suprême que lui assignait le vidame de Poitiers.

— Songez, ma fille, aux obligations de notre
maison à ce vieillard; songez qu'il y va de notre
honneur, que les rois seuls ont le droit d'être
ingrats, que la reconnaissance est œuvre de gentilhomme, et, loin de résister à mes ordres,
soyez heureuse et fière que cet homme vous
ait choisie. Il y va nécessairement de votre honneur et du mien, mon enfant, à ne pas désobéir
à ces ordres! En un mot, soyez digne de vous
et digne de moi, partez !

— Partir! s'écria la comtesse, partir ce soir,
tout à l'heure, y songez-vous, mon père?

— Oui, ma fille, partir sur-le-champ, il le
faut, je le veux, je l'ordonne, ou plutôt, c'est la
mort qui commande. Songez que le vieillard
vous attend et que la mort n'attend pas.

— Au moins, reprit la comtesse qui d'instant
en instant devenait plus craintive, au moins,

monsieur, prendrai-je la permission et le congé
de M. le comte d'Egmont?

— Je ne m'y oppose pas, reprit le maréchal.
Si pourtant monsieur mon gendre était assez
malavisé pour refuser son consentement, vous
savez que je suis votre père, que je vous aime,
et mes ordres doivent passer avant ceux de
M. le comte d'Egmont.

En même temps il se retira, très-aise en apparence de la fin de son ambassade. Il avait été
moins gêné à la cour du roi d'Espagne, lorsqu'il
avait pris le pas sur tous les ambassadeurs.

XX

LE COMTE CASIMIR-AUGUSTE D'EGMONT PIGNATELLI.

———

Madame d'Egmont, restée seule, et montant peu à peu son âme et son esprit dans les mille visions qu'amène avec elle la chose inconnue, arriva bien vite à l'extrême, et, en moins de temps que son historien n'en met à le dire, elle se trouva véritablement dans une grande épouvante. La seule idée de pénétrer, ce soir même, à l'heure des fantômes, dans la vieille maison du vidame de Poitiers, finit par être une idée horrible. Tout ce qu'elle avait entendu, de cet homme et du mystère qui l'enveloppait, lui revenait alors en mémoire. Les uns disaient qu'il s'était enfermé pour un crime, dans cette cita-

delle inaccessible ; les autres disaient qu'il s'y
était enfermé par désespoir ; quelques-uns, les
plus forts d'esprit, soutenaient que ce n'était
pas le vidame de Poitiers qui habitait dans le
silence de ces murailles dévastées, mais bien son
âme et l'âme de ses serviteurs qui attendaient la
résurrection éternelle. D'ailleurs, que lui voulait cet homme, et qu'y avait-il de commun
entre elle et lui, que pouvait-elle pour lui et
lui pour elle ?

— Mon Dieu ! mon Dieu ! disait-elle en se
tordant les mains, qui me délivrera de cette
commission funèbre ? Et cette jeune femme si
fière et si noble, et qui n'avait jamais eu peur,
cette âme moitié Guise et moitié Richelieu, moitié Ligue et moitié Fronde, cette fière beauté
qui avait su si bien taire et si bien cacher le
mal qui lui rongeait le cœur, que personne encore ne l'avait soupçonné, eh bien ! à présent
elle éclate, elle tremble, elle n'aura pas la force
d'obéir à son père, elle se l'avoue à elle même,
et si quelqu'un était là, elle le dirait tout haut.
En un mot, elle a peur ! Et si grand et si terrible était son effroi, qu'elle se résolut, ne fût-ce
que pour gagner quelque répit, à aller trouver
son vieux mari, le comte Casimir-Auguste
d'Egmont Pignatelli.

Vous savez déjà qui était ce frêle et dernier
descendant de tant de batailles, de tant de victoires, qui était ce pâle héritier d'un si glorieux
échafaud, reste ingénu de ces géants que la terre
enfanta, et qui ont perdu leur vertu à force de
fouler le sein de leur mère! Telle est la loi de
ces grandes familles : elles succombent par
l'excès même. Le dernier maître du Bas-Empire
réunissait, sur sa tête débile, le nom du fonda-
teur de Rome et le nom de son premier empereur; il s'appelait Romulus-Augustule!... Les
princes de la maison de Turenne ont fini à un
impotent. — Enfin, ô perfidie et inconstance de
la fortune, à la place d'un héros, elle pose un
gentilhomme de la chambre... un gentilhomme
accompli, le seul reste, ô misère! de toutes ces
grandeurs féodales, dont il fait l'accompagne-
ment obligé de son habit de chambellan. Ainsi
était faite Son Excellence monseigneur le comte
d'Egmont, le dernier rejeton de ce vaillant
comte d'Egmont qui fit reculer l'inquisition de
Philippe II.

Or, dans ce XVIIIᵉ siècle si mouvant et si
remué, la noblesse toute seule commençait à ne
plus suffire; déjà, de toutes parts, dans l'armée
et dans la magistrature, dans l'Église et à la cour,
ce n'étaient que gentilshommes révoltés contre

leur blason, et qui volontiers grattaient leurs
parchemins pour y transcrire des livres de philosophie. Et ils les ont si bien grattés et sur-
chargés de paradoxes, qu'il a été impossible,
depuis ce temps-là, de retrouver un seul mot
des antiques origines sur ces parchemins défi-
gurés. La philosophie entrait alors dans sa
toute-puissance; et elle traitait la société ancienne comme une ville prise d'assaut. Tout
tombait en silence, et tout croulait, dans le plus
profond incognito, de ce qui avait été le temps
passé; enfin c'était un engouement universel à
qui se ferait peuple dans ce peuple, par intelligence et par ambition, par vanité et par orgueil,
comme si l'on eût dû les reconnaître à coup sûr,
même dans la foule, à leur révolte intelligente,
ces révoltés du privilége, et ces affranchis de
l'injustice.

Ainsi, de toutes parts bouillonnait et fermen-
tait cet esprit de sarcasme et d'ironie qui brisait
toute barrière; peu à peu la vanité déplaçait et
chassait, de ses limites naturelles, cette vieille
aristocratie qui disait à la philosophie : *A vous
le premier pas, madame!* (Héroïsme qui coûta
cher à la noblesse.) Dans cette émeute et dans
ce bouleversement de tous les droits, M. d'Egmont était du petit nombre des hommes pru-

dents qui ne cédèrent pas un pouce de terrain à
la révolution triomphante, et qui ne l'empêchè-
rent point de passer outre; mais cette prudence
même n'eût rien été aux yeux de sa jeune et
spirituelle compagne, si M. d'Egmont n'eût pas
été le plus obstiné, le plus cérémonieux, le plus
accompli gentilhomme de son temps.

XXI

ONMENT LE PLUS CÉRÉMONIEUX GENTILHOMME DE
CE TEMPS REÇUT LA VISITE DE SA FEMME.

———

Quand M. d'Egmont vit la comtesse entrer
'un pas résolu dans sa bibliothèque, il resta
muet et interdit : c'était la première fois
ue sa femme l'honorait de cette faveur. M. le
mte d'Egmont était alors occupé à feuilleter
·s recueils de brefs et ses collections de bulles ;
était plongé tout entier dans ses dissertations
r les décrétales et sur l'histoire des conciles.
l'aspect de la comtesse il oublia tout à la fois
nciles, décrétales, brefs et collections de bul-
s ; il se leva, il vint droit à elle, et, la prenant
r la main, il chercha vainement un fauteuil où

la faire asseoir. O misère ! il n'y avait que des
chaises à dossier, dans la bibliothèque du comte
d'Egmont !

Le comte, qui tenait toujours la main de sa
femme, sonna de toutes ses forces ; aussitôt les
deux battants de toutes les portes furent ouverts.

Au même instant, et comme il s'aperçut qu'il
n'avait pas de gants, il passa sa main sous la
basque de son justaucorps, et madame d'Egmont ainsi appuyée sur son époux traversa
toutes les salles de l'hôtel, jusqu'à l'estrade du
dais. Là, M. d'Egmont établit la comtesse sa
femme sur le fauteuil, et lui-même il s'assit
sur un pliant, à la seconde marche de l'estrade,
à la place où restait d'ordinaire, à genoux, son
chancelier de Clèves, ou son majordome de Sa-
ragosse la royale. Ce ne fut qu'après l'accom-
plissement de ces longues cérémonies que madame d'Egmont put parler à son mari ; elle lui
dit, tout d'abord, l'ordre étrange qu'elle avait
reçu de M. le duc de Richelieu d'aller, ce soir
même, chez le vidame de Poitiers, qui se mourait.

Elle ajouta, en pâlissant, qu'elle avait été
cruellement étonnée en recevant cet ordre inattendu ; elle ajouta, non pas sans jeter ses beaux
yeux du côté de son mari qui l'écoutait de toutes

les forces de son intelligence, que cette démarche lui semblait cruelle, à cette heure, en ce moment; qu'elle ne voyait pas la grande nécessité de cette obéissance; enfin qu'elle ne voulait pas y aller, du moins ce même soir, et surtout ne pas y aller seule. En un mot, elle dit tout ce qu'elle put dire, et elle parla, longtemps, avec cette expression suppliante, avec ce regard mouillé de larmes, avec toute cette irrésistible terreur qu'elle avait dans l'âme.

Mais, qui l'eût pensé? ce fut en vain que la jeune éloquente fit parler ses répugnances et ses terreurs; le comte d'Egmont l'écouta, avec plus de sang-froid que s'il avait eu sous les yeux la bulle *In cœnâ Domini;* il lui dit qu'à la vérité, il ne comprenait pas bien pourquoi M. le duc de Richelieu voulait que la comtesse d'Egmont se rendît chez le vidame de Poitiers; mais, puisque tel était l'ordre du maréchal, il fallait obéir; que, pour lui, il n'y pouvait rien, et qu'il était affligé de voir madame d'Egmont si désolée... Il finit par se lever, tout d'une pièce, du banc où il était assis, cachant de nouveau sa main non gantée sous le pan de son habit, et il reconduisit madame d'Egmont, à travers ces longs appartements sombres que déjà la nuit de décembre commençait à envahir; avec un profond salut,

le comte quitta la comtesse, il était attendu chez
l'abbé Lenguet de Guergy, le curé de Saint-
Sulpice, où il soupait tous les vendredis.

La comtesse d'Egmont restée seule se dit à
elle-même qu'elle n'avait plus qu'à obéir ; et elle
demanda son *service*, pour onze heures du soir.

XXII

MADAME D'EGMONT OBÉIT. — LE VIDAME.

———

Le *service* d'une dame qualifiée était alors une grande affaire ; il fallait au moins deux heures avant que la livrée et les voitures fussent prêtes, et, qui les voyait passer, en ce grand appareil, ces reines de Paris, s'inclinait tête nue et saluait comme pour la reine.

Cependant les habitudes de cette maison princière étaient si régulières, et si rigoureuse en était l'étiquette, que pas une seule fois, dans toute une année, il ne survenait un seul changement à toutes ces choses, réglées à l'avance, et transcrites, par la main du majordome, sur une pancarte officielle qui s'attachait dans l'anti-chambre. Aussi bien, lorsque le gentilhomme de

service s'en vint prendre l'ordre de la comtesse,
à la portière de son carrosse, et qu'il lui fut ré-
pondu : « Au Marais, chez le vidame de Poitiers,»
le cocher, qui était gentilhomme (on ne dérogeait
pas à mener des dames de cette qualité), au lieu
de partir comme un trait, demeura tout ébahi
sur son siége, il semblait dire : Où prend-on le
Marais ? où prenez-vous le vidame de Poitiers ?

Cependant le ciel, qui depuis le matin était
gros de nuages, se brise tout d'un coup ; tout
d'un coup la pluie tombe à flots, et voilà que les
murs ruissellent, voilà que les ruisseaux se
changent en torrents, voilà que le ciel est en
feu, que toute la ville est déserte ; car il en
est des Parisiens comme de ces insectes qui,
dans les belles soirées d'été, s'amoncellent, et
montent joyeusement dans un transparent rayon
de soleil : au premier nuage qui tombe, plus
d'insectes... plus de Parisiens !

Pourtant, en dépit du tonnerre, de la pluie
et de la tempête, madame d'Egmont eut bientôt
franchi la distance qui sépare ce fameux pavillon
de Hanovre, bâti par une victoire injuste et
violente, de la Place Royale et du Marais. Mais
arrivée en ces royaumes du silence et de la solitude (et pourtant l'ancienne société française est
sortie, armée de toutes pièces, des splendeurs de

la Place Royale), la livrée de la comtesse ne sut
plus que devenir. Ces pauvres gens cherchaient
à se reconnaître dans ces déserts et pour rien
au monde ils n'auraient voulu convenir, le lendemain, qu'ils s'étaient éloignés à ce point du
centre de la bonne compagnie et des grands
quartiers. Le carrosse incertain allait çà et là,
les chevaux se cabraient, épouvantés par l'é-
clair; la nuit était profonde, le ciel était noir,
la rue était déserte; on n'entendait que la pluie,
et pas un bruit qui fît reconnaître, nous ne
dirons pas la grande ville, mais le hameau le
moins habité. Pardieu! suivre à la piste un
vidame, la belle aventure à chercher dans ces
détours, car c'était à peine si l'on voyait à se
conduire, à la clarté fumeuse des deux torches
que portaient les deux coureurs!

Heureusement, dans un coin du carrefour, à
travers les fentes d'une fenêtre mal jointe, on put
reconnaître enfin je ne sais quel taudis sombre,
orné d'une enseigne criarde qui flottait au gré
du vent, avec un son plaintif; le valet de pied
frappa à la porte de cette taverne, où le vin
même prenait l'apparence du crime, et il fallut
que cet homme menaçât d'enfoncer la porte,
pour que la porte s'ouvrît enfin.

Aussitôt cette porte ouverte, du fond de son

carrosse madame d'Egmont put apercevoir l'intérieur de ce misérable réduit. Tout ce que la
misère a de hideux était entassé dans cet étroit
espace : des tables tachées d'une lie impure, des
escabeaux chancelants, un feu à demi éteint, des
pots cassés et des verres rougis, un haillon
gras. Certes, c'était un curieux contraste celui-
là : la brillante voiture de la comtesse d'Egmont, ses quatre chevaux fringants, ses valets
de pied et ses heiduques, en un mot, tout l'appareil des grandeurs d'autrefois, arrêté sur le
seuil suintant de cette masure ; un seul clou
de ce carrosse eût acheté, et au delà, cette cabane
enfumée.

O contraste encore, entre la plus belle, la
plus jeune, et la plus élégante femme de la cour
de France, et cette vieille hideuse, en guenilles,
décrépite et sourde, qui attendait les chalands, à
l'ombre d'une lampe infecte ! La vieille, voyant la
porte de son cabaret s'ouvrir brusquement, s'é-
tait levée enfin, et, plus semblable à une sorcière qu'à une femme, plus semblable à une furie
qu'à une sorcière, elle contemplait, béante, ce
nouveau monde arrêté à la porte de sa caverne;
même dans ses plus extrêmes ivrogneries, cette
misérable créature abandonnée n'avait jamais
entrevu un songe pareil.

XXIII

CE QU'UNE VIEILLE FEMME RACONTAIT DU VIDAME DE POITIERS.

—

Et, comme elle regardait de tous ses yeux, cette fée, en ce carrosse de soie et d'or, l'écuyer de madame d'Egmont, touchant cette vieille du pommeau de sa cravache : — Dis-moi, la femme, où prends-tu l'hôtel du vidame de Poitiers ?

Mais la femme éblouie entendit à peine la question qui lui était adressée; il fallut même s'y prendre à deux fois pour l'arracher à sa contemplation muette, à présent que ses regards s'étaient portés sur la belle dame qui se tenait dans le fond de ce riche carrosse; elle semblait ne pouvoir en détacher ses yeux.

Certainement les gens de madame d'Egmont auraient perdu patience à voir le sang-froid de la sorcière, sans l'intervention de leur maîtresse. Madame d'Egmont, qui plus elle allait moins elle avait hâte d'arriver, mit la tête hors de la portière, comme pour parler à la vieille; mais à l'instant même le tonnerre gronda de plus belle, la lune se voila de nouveau ; le vent, qui s'était un peu calmé, se mit à rugir, et l'enseigne du cabaret tourna plus vite que jamais sur ses gonds plaintifs.

C'étaient là certes de tristes présages; mais les grandes dames de ce temps-là ne croyaient pas aux présages ; elles étaient complétement sûres de leur beauté et de leur toute-puissance, et, dans le vent qui gronde, elles ne voyaient que l'ennemi de leur chevelure; aussi bien, quand elle eut ramené sur son front calme et fier la dentelle de son voile, quand ses beaux cheveux furent rendus à leur souplesse naturelle, elle adressa la parole à la vieille femme, et elle lui parla d'une voix si douce, avec un regard si bienveillant, que la vieille aussitôt :

— Vous demandez, dit-elle, le vidame de Poitiers ?

— Le vidame de Poitiers, reprit la comtesse. Au même instant elle fut frappée du changement

qui s'était opéré dans les traits de la vieille
femme.

En effet, je ne sais quelle profonde terreur
s'était répandue tout à coup sur ce visage, naguère impassible. Toujours est-il qu'au seul
nom du vidame de Poitiers, ses yeux éteints s'é-
taient ranimés, sa taille voûtée s'était relevée,
ses vieilles mains s'étaient contractées; même
on eût vu cette vieille bouche essayer une malé-
diction.

En même temps la vieille répétait tout bas :
Le vidame de Poitiers! Et, ainsi debout, à la
lueur des torches, ses vêtements agités par l'o-
rage, on l'eût prise, de loin, pour quelque menace
de la destinée. Et elle répétait toujours la question : *Le vidame de Poitiers?*

Enfin elle se rapprocha de ce carrosse aux
armes de Guise et de Lorraine; on eût dit qu'elle
était fascinée et qu'elle obéissait à une force
invisible; elle se mit à la portière, à la place des
pages, et elle dit tout bas à la comtesse :

— Me parlez-vous bien en effet du vidame
de Poitiers? En ce cas vous vous adressez bien,
ma noble dame : c'est presque notre voisin. Il y a
longtemps, bien longtemps qu'il est mort. Atten-
dez : dix-huit ans de cela, vienne la nuit de Noël.
Dix-huit ans! c'est à peine si vous étiez née.

Depuis ce temps sa maison est fermée, sa maison est muette, on n'y entend rien, on n'y voit rien. Quelquefois, à minuit, on y chante l'office des morts, mais à voix basse; on dirait plutôt une plainte qu'une prière, et c'est à peine si j'entends chanter, moi qui suis sourde, tout bas, tout bas.

O le vieux renégat, ce vidame endormi dans ce sépulcre! On dit qu'il était tout couvert de sang, et qu'il a succombé sous le remords de son crime en disant : Grâce! pitié! merci! Et figurez-vous, madame, qu'il n'a pas fait une seule aumône, et qu'il est mort sans prêtre, et qu'il n'a pas été enterré en terre sainte!... Vous voulez aller chez le vidame?

Au fait, on dit qu'il a donné sa maison au premier qui osera la prendre; et depuis dix-huit ans je vous dis que personne n'y est entré, ni pauvre, ni riche, ni la justice, ni les héritiers, ni les mendiants, ni les vagabonds, ni les voleurs, ni les amoureux, personne, à peine la chauve-souris et le hibou. Croyez-moi, ma reine, j'en atteste votre jeunesse et votre beauté, renoncez au démon qui vous pousse, et n'allez pas chez le vidame ce soir, n'y allez pas cette nuit, n'y allez pas demain, ni après, ni jamais. Vous allez à un abîme, à un piége, à la perte, et, d'ailleurs, qu'allez-vous faire chez le vidame?

quel malheur allez-vous chercher? qui vous a
faite si hardie et si imprudente, que d'aller, belle
et charmante comme vous êtes, dans un lieu où
je ne voudrais pas aller, moi, si misérable et si
vieille? Qui vous l'a dit? qui vous l'a ordonné?
répondez-moi.

La comtesse, à cette voix, à cet accent, à ce
regard qui flambait comme le feu petillant de la
vigne, au foyer du vigneron, se sentait émue,
étonnée et troublée au fond de l'âme... Elle se
remit peu à peu, et elle répondit à la vieille
femme qui l'osait conseiller :

— C'est par l'ordre absolu de M. le maréchal
de Richelieu, mon père, et avec la permission
de M. le comte d'Egmont, mon mari, que je dois
aller chez le vidame de Poitiers; on m'attend ce
soir; ainsi, ma bonne femme. acceptez cette
aumône et indiquez à mes gens le sentier qui
mène à la maison que nous cherchons.

La vieille se tut, elle parut réfléchir; puis,
sans quitter son poste, elle dit au cocher :

— Tu vas aller tout droit ton chemin; tu
détourneras à gauche, puis à gauche, encore à
gauche, et toujours à gauche; on t'arrêtera
quand il sera temps.

Et voilà la voiture partie de nouveau! Et ce
devait être une chose bizarre, cette vieille

femme en guise de page galonné, ces cheveux
blancs flottants, tout droits et tout roides, au
hasard du vent qui rugit, ces hideuses guenilles
qui faisaient tache sur les panneaux de la voiture, voilant tour à tour la croix des Guise, le
casque des Richelieu et le glaive des d'Egmont.

Enfin, la voiture s'arrêta net au seuil d'une
immense porte cochère, entre deux colonnes
ruinées à demi.

La maison était muette et la muraille était
sombre ; on n'entendait que le bruit de la pluie
et les derniers bruits du tonnerre. Le mur semblait avoir cent pieds de hauteur ; il était bâti
en briques et en pierre de taille. Cette porte,
pareille à la porte d'une citadelle, semblait fermée depuis tantôt un grand siècle, mais à
peine le valet de pied eut-il touché le marteau
rouillé, aussitôt la porte s'ouvrit à deux battants,
et les chevaux entrèrent dans la cour.

La vieille femme, qui n'avait pas quitté son
poste, ouvrit la portière, déploya le marche-
pied, tendit son bras décharné et sa main livide
à la jeune comtesse, qui descendit, pâle et tremblante, sur le perron de l'hôtel ; le perron était
recouvert d'un tapis chargé de fleurs.

Alors commença, pour madame d'Egmont, le
spectacle inattendu que je vais vous raconter.

XXIV

SPECTACLE INATTENDU. — UN CONTE DE FÉES
EN PLEIN PARIS.

———

L'hôtel de Lusignan (ainsi s'appelait la maison du vidame) était aussi éclatant au dedans, qu'il
était sombre et triste au dehors. Jamais l'ancienne fée protectrice de cette noble famille, éteinte
aujourd'hui, n'avait habité, même dans l'imagi-
nation des poëtes et dans le récit des conteurs,
un palais qui se pût comparer à ce miracle de la
splendeur. A peine la jeune comtesse eut-elle
mis le pied sur ce perron de marbre, où brillait
un tapis de la savonnerie aux armes des rois de
l'Orient, aussitôt une douce musique se fit entendre ; un gentilhomme orné de la croix de

saint Louis se présenta qui offrit sa main à la comtesse; la reine de France, ou la maîtresse du roi elle-même, n'eût pas été reçue avec de plus grands hommages et de plus profonds respects.

En ce lieu plein de cérémonie et de magnifique, le moindre détail annonçait une attente courtoise, et l'on voyait que le maître de céans n'avait rien négligé pour parer ces ruines, pour éclairer ces ténèbres, pour chasser, loin de ces murs, cette nuit funèbre qui tombait, pesante et massive, de ces nuages amoncelés. Le vestibule, éclatant de lumière, était garni des fleurs les plus belles et les plus rares dans leurs vases armoriés; la soie et l'or couvraient les escaliers qui étaient garnis de statues de bronze et de marbre sur lesquelles l'antiquité avait laissé son empreinte; des lustres immenses, chargés de bougies, étaient suspendus au plafond chargé de peintures; les antichambres étaient remplies de laquais en livrées magnifiques, debout et rangés sur deux files silencieuses, qui s'inclinaient. La comtesse traversa ainsi plusieurs salons, dignes du palais de Versailles; tel salon était garni de tableaux, tel autre était rempli de meubles gothiques; un troisième était tout à fait un salon en vieux laque, orné des porcelaines les plus rares de Sèvres et du Japon ; enfin, tout cet ensemble vraiment royal avait un éclat, une pompe, un air de fête et de mystère tels, qu'il était impossible, en parcourant ces vastes galeries inhabitées, de ne pas se rappeler ces demeures galantes, brodées et cachées à tous les yeux, que hantent les génies infatigables et invisibles, comme il en revient si souvent dans les contes de feu monsieur l'abbé de Voisenon à sa digne acolyte, madame Favart.

Ce qui ajoutait à la féerie, et ce que je ne me donnerai pas la peine de vous expliquer, parce que je n'en sais rien moi-même, c'est qu'une fois arrivé au dernier salon, le gentilhomme qui donnait la main à la comtesse l'introduisit dans une galerie longue et vaste qui était comme un jardin d'hiver, au milieu de ce vaste hôtel. Le gentilhomme salua profondément la jeune femme et la laissa seule. Madame d'Egmont, dont la curiosité était éveillée non moins que la crainte, voulut voir la fin de cette aventure. Elle s'avança donc, toute seule et à tout hasard, d'un pas ferme et léger dans cette forêt de myrtes verts, de rosiers chargés de boutons et d'orangers en fleur. Un gazon frais et clair comme l'émeraude du printemps s'étendait sous ses pieds, une douce lumière éclairait ces beaux

arbres ; on eût dit la fin, le calme et les douces
senteurs d'un beau jour.

L'étonnement, dans un esprit bien fait, n'est
pas de longue durée. Un sot s'étonne toujours
et de peu de chose ; un honnête homme s'étonne
rarement, et tout de suite il monte son âme au
niveau de ce qu'on lui montre. Ainsi pour madame d'Egmont ; une fois entrée en ce lieu qui
tantôt lui causait tant de frayeur, à peine si
elle hésita, à peine si elle pâlit ; au contraire,
à sa démarche élégante et superbe, on eût dit
que cette grande dame était chez elle, et qu'elle
marchait dans sa propre maison. Reine ici
comme elle était reine au grand Trianon, elle
arriva bientôt, voyez l'enchantement! sur le
seuil vermoulu d'une espèce de cabane toute
champêtre. C'était tout à fait une cabane de
paysan : des murs rustiques, des arbres enlevés
à la forêt voisine et chargés de leur écorce, soutenaient le toit de chaume. La porte, évidemment, s'ouvrait au loquet, et peu s'en faut qu'une
voix n'ait crié à l'intérieur : « Tirez la chevil-
lette et la porte cheîra ! » Véritablement la
caverne de l'ogre était devenue la cabane du
petit Chaperon. Le conte était un conte de fée,
et madame d'Egmont se mit à sourire, en songeant à la galette de beurre et à la *mère-grant*
de M. Perrault.

En ce moment, la noble dame se sentit tout à fait rassurée. Elle avait vu si souvent pareille bergerie, et dans les vers du poëte, et dans les tableaux du peintre, et chez la princesse de Vaudemont, et dans les amusements de Versailles, qu'elle se sentit tout à l'aise, et, d'un pied léger, d'un cœur léger, elle entra dans cette cabane.

Le dedans de la cabane répondait tout à fait au dehors : les murs étaient badigeonnés à la chaux vive ; sur les murs on avait cloué trois à quatre gravures coloriées ; sur une table grossière, qui tenait le milieu de cette décoration rustique, on voyait plusieurs pots en terre et des assiettes aussi en terre, posées sur une serviette bise, mais tout cela d'une propreté éclatante. Il y avait aussi, dans cette chambre, ou plutôt dans cette étable, quatre ou cinq belles vaches de Flandres, celle-ci qui ruminait couchée à demi sur la litière fraîche, celles-là qui mangeaient leur provende au râtelier. L'une d'elles se mit à lécher les mains de la comtesse et à la regarder tendrement, lorsqu'elle entra. La comtesse croyait rêver.

Enfin, tout au bout de la table aux pieds tors que vit-elle? Elle vit un lit de berger qui était sans rideaux, avec une couverture de laine verte, et des draps de toile écrue, et dans ce lit

un vieil homme en bonnet de nuit, qui dormait
profondément. Un crucifix était suspendu à la
muraille, un brin de buis trempait dans le béni-
tier. Quel tranquille sommeil! quel profond silence! Comme l'honnête conscience reposait sur
l'honnête visage de ce vieillard endormi! Au
chevet de ce lit de l'âge d'or une riche épée annonçait cependant le gentilhomme. En effet, ce
vieillard endormi, c'était le vidame de Poitiers!

Vous pouvez juger, en ce moment, de l'embarras
et du malaise de cette jeune femme. Quoi donc!
ici tout l'attendait, excepté l'homme qui l'avait
envoyé chercher? Alors elle s'assit sur un tabouret
de bois, peu semblable au tabouret des duchesses
à Versailles, et elle se mit à repasser, en elle-
même, les divers incidents de cette étrange journée. Hélas! tant d'émotions soudaines l'avaient
assaillie ce jour-là! Son père, son mari, cette
vieille femme, autant d'énigmes! Puis ce palais
sombre, introuvable, et enfin ces soudaines merveilles, ces subites clartés, ce luxe et cet éclat
qui l'étonnaient elle-même, elle qui avait été
élevée dans le palais, dans les meubles, dans le
luxe du cardinal de Richelieu; puis ce jardin
provençal caché dans un pli du Marais, ces fleurs
et cet épais gazon en plein hiver; puis enfin, cette
chaumière, cette étable, ces vaches à la crèche,

et dans ce lit de pâtre cet homme qui dort, cet homme qui l'a envoyé chercher, elle, la fille du maréchal de Richelieu, elle, la comtesse d'Egmont, une des plus grandes dames de l'Europe !

Elle ne fut donc pas fâchée, en attendant le réveil du dernier des Lusignan, d'avoir un moment pour se remettre, et, le coude appuyé sur la table, elle attendit paisiblement.

Au bout d'un quart d'heure, le vidame de Poitiers se réveilla.

XXV

UN LIEN SECRET.

—

Le premier regard du vieillard, quand il se réveilla, se porta sur madame d'Egmont. Il la vit si belle et d'une beauté si touchante, et d'une pâleur si pleine d'expression, avec tant de résignation à tout ce qui pouvait arriver, bien qu'elle n'en pût rien prévoir, qu'il se sentit touché jusqu'au fond de l'âme, en trouvant cette jeune femme à ce point obéissante à sa dernière et suprême volonté. Madame d'Egmont, de son côté, fut merveilleusement étonnée à l'aspect de ce vieillard qui semblait renaître, et qui sortait, pour ainsi dire, de la mort, afin de la saluer, une première et dernière fois, de l'âme

9

et du regard ! La tête de cet homme était belle ;
tout couché qu'il était dans son drap de toile
écrue, et tout enveloppé qu'il était dans son mor-
ceau de serge verte, au milieu de cette cabane,
entre ces deux génisses qui lui servaient de
gardes-malade, il était facile encore de voir
qu'il y avait, sur cette paille, et dans ce lit villa-
geois, quelques nobles restes de la famille des
Lusignan.

Si bien qu'au premier coup d'œil la jeune
comtesse se sentit toute disposée à écouter ce
beau vieillard, et qu'en elle-même elle fut bien
aise d'avoir eu du cœur.

Cependant le vieux Lusignan, rappelant toutes ses forces, se plaça sur son séant.

— Madame la comtesse, lui dit-il d'une voix
éteinte, mais claire et calme, je commence par
vous demander pardon de vous avoir fait venir
ici, seule avec moi qui vais mourir, et d'avoir
employé, pour vous amener en ce lieu perdu, à
cette heure mauvaise, l'autorité que j'avais sur
M. le maréchal ; mais, vous le voyez, je n'atten-
dais que vous pour rendre à Dieu mon dernier
souffle ; je ne pouvais pas mourir sans vou
avoir parlé : je vous le jure — par ce que nou
avons de plus cher, vous et moi !

A ces mots la comtesse, qui s'était tout à fai

remise, redevint pâle et tremblante : elle comprit tout d'un coup qu'il y avait un lien invisible entre elle et cet homme ; elle baissa les yeux, et elle porta la main sur son cœur pour l'empêcher de se briser. Le vidame continua :

— Madame, dit-il en prenant doucement la main de la comtesse entre ses deux mains tremblantes d'émotion, regardez-moi... je suis le père du chevalier de Gisors.

Comme il vous a aimée, et comme il vous aimait, mon enfant ! Je l'ai vu plus d'une fois pleurer à cette place, de douleur et de désespoir, quand je lui rappelais qu'il n'était que le fils naturel d'un gentilhomme étranger et d'une mère, fille du peuple, qui n'avait que sa jeunesse et sa beauté.

Pauvre Gisors ! Il avait le courage et les nobles instincts d'un Montmorency et d'un Crillon, et il me fut impossible de faire ses preuves pour l'ordre de Malte ! Je pouvais le faire riche, mais je ne pouvais pas en faire un noble qui fût digne d'aspirer à la main de mademoiselle de Richelieu. Il m'a tout dit, madame ; il m'a dit ses amours, ses angoisses, ses douleurs, son adoration muette et sa contemplation quand vous passiez, comme un songe, au milieu de Versailles où il était entré pour vous voir. Hélas ! tant d'hon-

neurs d'une pareille alliance n'étaient pas faits
pour lui! Il le savait, et quand votre père
le lui eut fait comprendre, il ne chercha plus
qu'une occasion pour bien mourir. Vous voyez,
madame, qu'entre vous et le père du chevalier
de Gisors, il existe un lien secret que rien ne
peut rompre, et que si vous n'avez pas été ma
fille en présence des hommes, vous êtes ma
fille en présence de Dieu !

Et, comme au nom seul de M. de Gisors, madame d'Egmont, surprise au milieu des plus
profonds secrets de son âme, hésitait à répondre :

— N'est-ce pas, reprit le vieillard d'un accent vraiment paternel, n'est-ce pas, ma fille,
qu'il était jeune et beau, qu'il vous aimait de
toute son âme, et que vous l'aimiez, vous aussi,
dans le fond de votre cœur?

Ici il s'arrêta, soit pour prendre haleine, soit
pour entendre la réponse de la comtesse ; mais
la comtesse ne répondit pas. Alors, il reprit en
ces termes :

— Madame, madame, écoutez-moi ; il y va
d'un intérêt majeur. Mais avant tout, pardonnez
et prenez courage, ô ma fille, par pitié pour
vous, et par pitié pour moi !

XXVI

OUI, JE L'AIMAIS..., DIT-ELLE.

—

Alors elle releva la tête, elle écarta ses cheveux de son front où brillaient l'attention et l'intelligence, et elle fixa sur le vidame ébloui ses deux grands yeux tendres et suppliants.

— Oui, monsieur, dit-elle enfin d'une voix ferme, oui je l'aimais oui, j'ai aimé le chevalier de Gisors. Il était humble et fier ; humble avec moi, fier avec tous les autres ; son regard me suivait partout, son âme était avec moi. Son sourire était plein d'une tristesse ineffable. A la cour chacun l'aimait, et plus d'une fois j'ai vu le roi lui-même arrêter son

regard paternel sur ce jeune homme. Ah,
monsieur! les dures lois, les lois de la noblesse!
et comment donc, puisque vous aimiez le chevalier de Gisors d'un amour paternel, n'avez-vous
pas tenté de parler à mon père, et de lui rappeler
ce qu'il devait à vos bontés? Malheureux Gisors!
Et moi, qui ne l'ai pas arrêté quand il s'éloi-
gnait! Et moi qui n'ai pas osé me souvenir du
dévouement de la grande Mademoiselle à M. de
Lauzun, des bontés de la fille du régent pour
M. de Rioms! Mon père lui-même, à l'âge de
M. de Gisors, a trouvé deux princesses du sang
royal qui se sont sacrifiées pour le tirer de la
Bastille, et moi je n'ai pas osé affronter mon
père! Ah! malheureuse! et cependant me voilà
mariée au comte d'Egmont qui fait de la théo-
logie, et qui me salue à la façon d'un vassal.

En parlant ainsi elle se prit à pleurer.

Le vieillard qui ne s'attendait pas à tant de
douleur, resta silencieux à son tour; mais bientôt, revenu à lui-même, il se défendit avec l'accent d'un galant homme; il se serait cru déshonoré, disait-il, s'il avait demandé au maréchal
duc de Richelieu une si haute récompense pour
les services qu'il lui avait rendus; il savait
d'ailleurs que M. le duc de Richelieu ne pouvait
pas, l'eût-il voulu, donner sa fille unique à un

simple officier qui n'était pas même un officier de fortune.

Il parla longtemps sur ce ton là, et maintenant que M. de Gisors était mort...

A ce mot la comtesse d'Egmont se leva, et poussa un grand cri.

— Il est mort, reprit le vieillard. Il n'y a plus de comte de Gisors, madame, pour vous aimer ici-bas. Le comte de Gisors est allé se faire tuer à une escarmouche. Une seule balle a porté : cette balle a été pour lui, et il semble que moi, qui l'aimais tant, je ne sois resté que pour vous dire, à vous, madame, ce que vous eussiez deviné toute seule, peut-être : le jeune comte de Gisors s'est fait tuer, parce qu'il ne pouvait pas épouser, parce qu'il ne devait pas épouser la fille du maréchal de Richelieu!

La comtesse d'Egmont voulait commander à ses larmes, mais sa douleur fut plus forte que sa volonté, et elle finit par s'y livrer sans contrainte. Elle se taisait, elle pleurait !

Le vieillard, qui semblait être rentré dans son repos, laissa pleurer l'infortunée jeune femme.

A la fin il reprit la parole :

— Vos larmes le disent mieux que je ne saurais le dire, c'était un noble jeune homme, c'était le plus noble cœur et le plus grand courage. La veille du jour fatal, voici la lettre qu'il m'écrivit :

« Aimez-la ! et parlez lui de moi qui l'ai-
« mais à en mourir ! — Remettez-lui tout ce
« que j'avais d'elle , ce ruban qu'elle perdit
« dans un bal , à Marly ; cette fleur qu'elle
« a portée, ce mouchoir brodé aux armes de
« sa maison. Et aussi priez-la, pour l'amour
« de moi, de veiller sur mon jeune frère ;
« car celui-là avait besoin de mon aide sur
« cette terre. Que Septimanie soit sa sœur !
« Enfin, dites-lui bien que je lui donne ma foi.
« Et maintenant voici l'ennemi : je vais mou-
« rir. Adieu, mon père ! »

En même temps la lettre échappait aux mains du vieillard, et deux larmes amères coulèrent de ses yeux.

La comtesse d'Egmont ne pleurait plus, sa main crispée comprimait les battements de son cœur, elle écoutait.

Le vidame recueillit toutes ses forces.

— Écoutez encore, dit-il. Le frère de M. de Gisors qui sera, tout à l'heure, un orphelin, sans fortune et sans nom, s'appelle M. de Guys ;

à l'heure qu'il est, il est simple soldat aux gardes françaises. Le comte de Gisors était son appui et lui servait de père. M. de Guys est seul au monde : car, moi aussi, je vais mourir. Voulez-vous accepter le legs du comte et du chevalier? Voulez-vous prendre le frère de mon fils à miséricorde et merci? Voulez-vous, jeune femme de vingt ans, servir de sœur, servir de mère à un jeune soldat qui en a dix-huit? Voulez-vous être l'ange tutélaire de cet enfant sans famille? Dites que vous le voulez, et je vais mourir tranquille, et j'en porterai, là-haut, la nouvelle au comte de Gisors!

— J'accepte le legs du comte de Gisors, et celui du vidame de Poitiers, répondit la jeune comtesse en s'inclinant, je l'accepte, oui, je l'accepte...

XXVII

LE DERNIER VOEU DU PÈRE DE M. DE GISORS.

———

A ces mots le vidame prit, sous son chevet, une petite cassette damasquinée en or, d'un riche et précieux travail.

— Ceci, dit-il, renferme la fortune que je puis laisser à M. de Guys, au frère du comte de Gisors : emportez-le, ma fille.

Elle prit la cassette sans mot dire.

— Quand je ne serai plus, vous la remettrez à M. de Guys, vous la lui remettrez à lui-même, sans lui dire d'où elle vient, car jamais je n'ai pu être un père pour M. de Guys; ce jeune

homme vous verra ; il vous verra, ne fût-ce
qu'une seule fois, qu'un seul instant, et vous
lui expliquerez qu'il était *le frère adopté* par
M. de Gisors. Vous lui direz aussi qu'il soit
honnête homme, et qu'il ne songe pas à dé-
couvrir sa famille... Hélas, il n'a pas de famille ! S'il ne devait pas vous voir, madame, et
s'il ne devait pas entendre, de votre bouche
même, les derniers ordres de l'homme qui le
protégeait ici-bas, et qui le protégera encore
de là-haut, jetez cette cassette au premier
mendiant qui passera sur votre chemin... Mais
non, vous me promettez de la remettre vous-
même et à lui-même, n'est-ce pas, madame? Le
dernier vœu du père de M. de Gisors sera
sacré pour la femme que M. de Gisors a aimée.

— Je le promets, dit la jeune femme.

Le vieillard la remercia d'un regard. Déjà il
ne pouvait plus parler. Puis lui prenant la main
droite, il y porta ses lèvres mourantes...

Le dernier des Lusignan était mort.

Quand la comtesse revint à elle-même elle se
trouva au fond de son carrosse. La précieuse
cassette était à ses côtés et la vieille qui lui avait
enseigné l'hôtel de Lusignan lui demandait d'une
voix suppliante de la reconduire à sa pauvre
maison.

En effet, la comtesse reconduisit la vieille femme à son cabaret, et en descendant de voiture la vieille femme disait, les yeux levés au ciel ! — Saints et saintes du paradis, priez pour elle ! priez pour lui !

XXVIII

UNE NUIT D'EFFROI.

—

La comtesse d'Egmont passa une nuit fort agitée. Comment remettre à M. de Guys cette cassette, et que dire à ce jeune homme, et comment lui parler ? Après y avoir un moment réfléchi, elle résolut de confier au curé de Saint-Jean-en-Grève, qui était son directeur spirituel, tout ce qu'elle pouvait lui confier de cette histoire, afin qu'il fût témoin de son entrevue avec le soldat aux gardes françaises, ou que du moins elle en reçût un bon conseil.

Toute la nuit se passa ainsi dans mille projets ; dans mille inquiétudes, dans mille terreurs ; elle voyait tantôt le jeune comte de

Gisors tout souillé de poussière et de sang, qui tournait vers elle son dernier regard ; tantôt le vieux vidame de Poitiers qui l'adjurait, par une épreuve solennelle ; tantôt l'uniforme du jeune garde-française se détachait entre les deux linceuls de M. de Gisors et du vieux Lusignan. Ce fut une nuit d'effroi, de remords, de frissons, de transes incroyables. Une fois, il lui sembla qu'une main froide et glacée venait la saisir. Au contact de cette main, elle se réveilla en sursaut. Cette fois elle ne rêvait pas.

Trois femmes tout en noir : longue robe noire à la queue traînante, long voile noir et large mante noire, si bien que c'était à peine si l'on pouvait voir leur visage, étaient debout, au chevet du lit de la comtesse. Tant d'événements s'étaient passés pour elle, et depuis vingt-quatre heures, que madame d'Egmont avait tout à fait oublié que le lendemain elle devait assister, en grand costume, aux obsèques de la reine de Portugal, morte empoisonnée, disait-on, comme cela se disait pour toutes les morts royales. Or, ces trois dames venaient chercher madame d'Egmont pour la mener à Notre-Dame. Ces trois dames, c'étaient madame de Mazarin, madame la comtesse de Tessé et madame la duchesse de Brissac. Vous jugez si la comtesse,

les voyant ainsi toutes les trois, vieilles, aus-
tères et toutes couvertes de deuil, qui la tiraient
brusquement de son sommeil, se prit à avoir
peur et à trembler !

Cependant les femmes de madame d'Egmont
entrèrent dans la ruelle ; la comtesse fut tirée
du lit, elle fut vêtue de crêpes funèbres, et elle
partit pour la cathédrale, entre madame de
Mazarin, madame de Tessé et madame la duchesse de Brissac.

Ce jour-là, toute l'église de Notre-Dame de
Paris était tendue de noir. Mesdames, filles du
roi de France, assistaient en personne aux obsèques de la reine de Portugal, la reine *très-fidèle*.
Voilà pourquoi les dames les plus qualifiées de
la cour avaient été invitées, et assistaient en
effet à cette lugubre cérémonie. Le deuil était
mené par Madame Louise de France. Madame
d'Egmont, en sa qualité de grande d'Espagne,
servait de dame d'honneur à la princesse, et
portait la queue de sa mante, ou plutôt la tête
du voile qui la couvrait de la tête aux pieds, et
qui traîna de quatorze aunes, lorsque, en entrant
dans le sanctuaire, madame d'Egmont en laissa
tomber la pointe. Quant au voile de madame
d'Egmont il n'avait que trente-six pieds de roi,
ni plus ni moins, selon l'usage et le compas de

10

l'étiquette du Louvre. Une femme, également voilée, portait la pointe du voile de madame d'Egmont.

Chose étrange ! cette troisième femme voilée, elle avait été un instant la maîtresse souveraine de cette cour de France où elle ne paraissait plus qu'aux jours de deuil, et cela par grande bonté du roi, et à la faveur du crêpe qui la couvrait. Cette femme toute noire et toute courbée, elle avait donné au XVIIIe siècle le signal du plaisir et des folles amours ; elle avait dansé, la première, sur les ruines encore respectées du grand siècle ; elle avait remplacé madame de Maintenon, elle avait osé, la première en France, être folle et reine, mener à la fois la vie d'une grande dame et la vie d'une courtisane ; cette femme avait été l'amour le plus chaste et la passion la plus innocente de M. le régent d'Orléans ; cette femme, c'était madame de Parabère, elle-même, si flattée, si enviée, si aimée, qui était trop heureuse de porter le voile de madame d'Egmont !

Ainsi, madame d'Egmont se trouvait tout à fait à sa place, entre madame Louise de France, et madame de Parabère ; l'une qui a passé sa vie dans les vertus chrétiennes, et qui l'a achevée sous la bure de la sœur grise, l'autre qui

consacra les plus tristes moments de sa vie aux
royales et passagères amours ; l'une en retard,
par sa croyance, de plus de cinquante ans
au moins, l'autre qui avait été en avance de vingt
ans sur madame de Pompadour. Ce siècle terrible,
en effet, ce siècle calomnié, insulté, injurié, ce
n'est ni la vertu de la sœur grise, ni l'abandon
de la courtisane ; il n'était pas né pour tant de
vertus, il n'était pas fait pour tous ces désordres.
Dans son acception la plus naïve et la plus aimable, ces temps heureux de la *Nouvelle Hé-
loïse* et de *l'Ingénu* seraient très-bien représentés par madame la comtesse d'Egmont, cette
jeune femme qui aime, qui est aimée, qui se
sacrifie à sa naissance, qui pleure un amant, en
silence, et qui marche, d'un pas égal, entre la
vertu et la passion profane, dame d'honneur de
celle-ci, et faisant porter son voile par celle-là.

Cependant, l'office des morts commença.
Comme il ne s'agissait guère que d'une reine
qui était morte, et comme c'était là une de ces
douleurs officielles qui n'ont jamais fait couler
tant de larmes, que lorsque Bossuet, du haut de
la chaire chrétienne changée en Sinaï, se livrait
tout entier à ces paradoxes de génie qui épou-
vantaient la cour et la ville, les funérailles de la
reine de Portugal ressemblaient à toutes les fu-

nérailles, indiquées dans le grand cérémonial de
Versailles. En ce moment solennel, le plus vif
intérêt de toutes ces femmes en grand deuil,
c'était de voir, après l'absoute, madame d'Egmont passer devant le catafalque, et faire alors
une de ces révérences hautaines et charmantes
tout ensemble, qu'elle avait retrouvées, et dont
elle donnait l'exemple à toutes les dames.

Parmi les femmes qui avaient conservé le secret de cette charmante révérence *à la Fon-
tange*, une révérence qui s'est perdue avec tant
d'autres supériorités non moins regrettables, la
cour de Louis XV distingua surtout madame
d'Egmont.

XXIX

CE QUI SE PASSA AUX OBSÈQUES DE LA REINE DE PORTUGAL.

———

Donc toute la cour était dans l'impatience de voir madame d'Egmont saluer le catafalque; déjà même la jeune femme s'avançait, d'un pas solennel, sous le dais mortuaire. C'était bien sa démarche élégante, sa taille « de nymphe errante sur les nues, » toute sa belle et admirable personne. On n'eût pas su le nom de cette reine des élégances, que sous les voiles noirs qui la recouvraient, chacun l'eût reconnue... Tout à coup, et au moment où elle allait, à son tour, saluer le cercueil, au moment où tous les regards étaient fixés sur elle, elle s'arrête au milieu du chœur. On eût

. dit qu'une force invisible la tenait à cette place, immobile comme un marbre ; ce fut un instant de grande terreur dans cette église qui tout à l'heure était seulement remplie d'un vain cérémonial. A l'instant même, toutes choses furent suspendues, même le chant des prêtres ; il se fit un silence terrible. On ne voyait pas le visage de la comtesse, mais il y avait tant d'effroi, dans toute sa personne, qu'on pouvait aisément deviner la pâleur de son visage. Cependant, chacun restait immobile à la même place, dans l'attente de ce qui allait venir.

Les plus étonnés, dans cette foule de courtisans et de grandes dames, qui se connaissent depuis des siècles, c'étaient quatre gardes-françaises qui avaient été placés, comme autant de statues animées, aux quatre coins du poêle funèbre. Ces jeunes gens revêtus de leur riche uniforme, et l'arme au bras, tenaient la place de quatre grands cierges d'honneur, et personne n'y avait fait plus d'attention qu'on n'en fait aux colonnes mêmes du catafalque.

Quoi d'étonnant ? Ces courtisans de Versailles vivaient entre eux et ne voyaient qu'eux seuls au monde... comment auraient-ils fait attention à quatre gardes-françaises, placés en sentinelle au pied d'un tombeau de cérémonie et

d'étiquette? Tout au plus quelques vieilles
femmes avaient-elles porté un regard distrait
sur un jeune soldat qui était le premier à droite,
immobile; car en effet c'etait là un beau jeune
homme : dix-huit ans à peine, élancé et bien
pris dans sa taille, l'œil noir, grand et mélan-
colique, le visage pâle et pensif; c'était tout à
fait la tête et le port d'un gentilhomme, « d'un
homme fait pour marcher devant un roi » eût dit
Shakespeare, et sans doute c'était une méprise
du sort qui avait fait de ce jeune homme un
simple soldat.

Mais, encore une fois, c'étaient là des remar-
ques que peu de femmes avaient faites, si quel-
ques-unes les avaient faites ; et, d'ailleurs, à cet
instant solennel, l'hésitation de madame d'Egmont, ainsi arrêtée au milieu du chœur par une
force invisible, attirait toute l'attention, tout
l'intérêt, ou du moins toute la curiosité de cette
assemblée réunie par la même étiquette dans le
même deuil.

Ce fut cependant ce même beau jeune homme,
ce simple soldat, cette statue vivante placée là,
par hasard, comme un des ornements obligés du
cénotaphe, ce fut lui qui s'aperçut le premier que
cette femme voilée qui se tenait immobile, devant lui, était chancelante, qu'elle allait tomber,

et peut-être se briser la tête contre le pavé de l'église. Aussitôt le jeune homme, oubliant sa consigne, se précipite vers cette femme qui se meurt. Juste ciel! il était temps : la comtesse d'Egmont tomba inanimée et mourante dans ses bras !

XXX

L'ATELIER DE GREUZE ET M. DE GUYS.

———

Dans un atelier de peinture du faubourg Saint-Germain, au quatrième étage, comme c'est l'habitude du grand faubourg qui n'a qu'un grenier à l'usage des jeunes gens destinés à vivre de leur talent et de leur jeunesse, deux jeunes gens étaient occupés, le premier à poser devant un peintre, et le peintre à mettre la dernière main à l'un de ces charmants portraits qui ont fait la fortune de la peinture au XVIIIe siècle, admirable couleur flamande qui n'a rien perdu de sa vivacité et de son frais coloris. Le jeune artiste s'appelait Greuze. Le beau militaire qui était devant lui paraissait plongé dans une profonde mélancolie qui faisait un grand contraste avec son habit de soldat aux gardes. Greuze travaillait, et de temps à autre il portait son regard, de la toile à son ami.

A la fin, voyant que le jeune soldat s'obstinait à garder le silence :

— Qu'as-tu donc, lui dit-il, et d'où te vient, mon ami, ce front chargé de nuages? Quel si grand malheur est tombé sur toi, que j'ai connu naguère l'enfant de la joie et du plaisir?

— Hélas ! dit le jeune homme, en rougissant, à son ami Greuze, je suis un homme perdu, je suis amoureux ! J'ai la fièvre, j'ai le délire, je suis fou ; à chaque instant, je me demande si je suis le jouet d'un songe ! Hâtez-vous, cependant, mon cher artiste, et finissez, croyez-moi, ce portrait aujourd'hui, il ne sera plus temps demain.

Et comme il était interrogé par l'amitié la plus dévouée et la plus tendre, le jeune soldat raconta, non pas sans hésiter et sans frémir encore, comment naguère sous les voûtes sacrées de Notre-Dame, il avait reçu, dans ses bras tremblants d'émotion, une femme... une reine... une beauté... un ange et qu'il l'avait emportée à travers la foule qui s'ouvrait devant lui.

— Ah ! mon ami, qu'elle était belle et tou-

chante! Et quand ses femmes me l'eurent ravie,
sans qu'il me fût permis de voir revenir le sang
à cette joue et le feu à ce regard, il me sembla
que j'avais tout perdu, et que j'allais mourir!
Voilà pourquoi je suis triste, mon cher Greuze.
Plus de jeunesse et plus d'espérance; il n'y a
plus rien pour moi sous le soleil sans cette femme,
et cette femme est plus au-dessus de moi que le
soleil!

Il disait ces choses-là, comme on les pense
à son âge; il les disait d'une voix attendrie et
convaincue, et le grand artiste, qui l'écoutait,
rêvait peut-être de son côté que cette femme, un
jour, lui viendrait demander l'image charmante
de sa beauté. Et nos deux amis s'abandonnaient
ainsi, chacun à sa contemplation.

— Sais tu bien, reprit M. de Guys après un
instant de silence, que je n'ai, d'ailleurs, pas
sujet de rire en ce moment? Je t'ai dit qu'après
avoir été aussi gueux qu'un rat d'église ou un
peintre (ici Greuze s'inclina en souriant), j'avais
fini par rencontrer un protecteur invisible qui
chaque mois me faisait une petite pension, avec
laquelle je vivais comme un duc et pair. Je t'ai
dit que chaque année, au jour de l'an, il arrivait
même que cet ange gardien payait l'arriéré de ma
dette, et me constituait royalement, que dis-je?

paternellement un nouveau crédit... eh bien !
mon ange gardien s'est envolé ; mon protecteur
m'a planté là, l'arme au bras, ma pension est à
vau-l'eau ; plus d'argent, plus de dettes ; et si le
mois prochain je n'ai pas remis ma dépense à un
bon ancrage, je vends mes chevaux, je congédie
mes gens, je renonce à mener la vie des mous-
quetaires et des gardes du corps... et me voilà
pour tout bien avec quelques sous par jour...Bien
obligé!... Encore si je devais jamais vous revoir,
ô ma dame, ô ma reine, ô ma beauté ! reprenait-
il en soupirant.

XXXI

LA BONNE AVENTURE.

—

Ils en étaient là de leurs causeries et de leurs rêves, lorsqu'une vieille en vieux habits, semblable à ces messagères d'amour comme on en voit tant dans les petits romans de Cervantes, se présenta dans l'atelier de Greuze et demanda, d'un ton délibéré, la permission de dire à ces messieurs leur bonne aventure. Et véritablement cette vieille aux traits réguliers avait tout à fait l'aspect d'une sorcière : un petit œil, une main ridée, une voix de l'autre monde et l'air inspiré. Elle prit la main de Greuze.

— Oh ! dit-elle, en voilà un qui pourra se vanter de contempler de beaux visages ! Homme

heureux! Les plus jeunes et les plus belles ne
seront pas les seules à reconnaître ton génie, et tu
seras de moitié dans le secret de leur beauté et
de leurs amours! Pour toi, point de voiles, point
de mystères, pas de refus! Elles viendront à toi
ces reines de Paris et de Versailles, comme va
au feu le jeune capitaine, comme va le papillon
à la lumière, et le jeune homme à l'amour. Tu
les verras, tu les connaîtras, tu les sauras par
cœur. Pour toi, mon artiste, ces fronts suaves,
ces bouches riantes, ces yeux remplis d'une
flamme mouillée, et ces jeunes cœurs palpi-
tants sous la passion cachée! Et ta vie ainsi se
passera à contempler, à reproduire ces divines
beautés que le vieux roi ne verra pas : il ne
les verra pas, il ne les verra plus, et ce sera le
regret le plus cruel de son agonie!

Et comme Greuze insistait pour savoir la fin
de son aventure ici-bas!

— Tu demandes comment tu finiras, comment vous finirez tous... tu es bien hardi! s'écria
la sorcière. Tu m'interroges, tant pis pour toi.
Tes modèles périront par le supplice! Elles tomberont sous le fer du bourreau, ces têtes charmantes! Ils tomberont dans le grand abîme, ces
poëtes, ces philosophes, ces grands esprits, ces
princes de sang royal, ces jeunes magistrats,

ces ministres, ces abbés musqués, que ton pinceau
va reproduire, et toi, quand tout aura passé
sous le fatal niveau, tu resteras vieux, pauvre,
oublié pendant la tempête, inconnu, méconnu,
et tu pleureras, jusqu'à ton dernier jour, ce
monde charmant qui te devra pourtant un jour
son éternelle beauté.

— Ma foi, la vieille, dit Greuze en souriant,
(mais son sourire était triste), c'est dommage
que tu me gâtes le : *Soyons amis*, et que la fin
de ton conte ne vaille pas le commencement.
Ça commençait bien, ça finit mal ! Merci, pour
les beaux modèles que tu m'annonces, et foin
de l'abîme ! et d'ailleurs, si j'en crois ton discours,
nous serons là en grande et belle compagnie...
Allons ! vogue la galère, et, à ton tour, M. de
Guys.

Le jeune homme, interpellé par Greuze, obéit
tout de suite ; et tendant à la vieille sa main
dégantée, il attendit son arrêt dans cette attitude
inquiète d'un amoureux sans espoir, qui espère,
à chaque bruit qu'il entend, que la personne
aimée arrive. Allons, lui dit-il, c'est moi ! me
voilà ! je suis à vous !

C'était beau à voir (pour le peintre qui n'en
perdit rien), la belle main de ce jeune homme
touchant à regret cette main ridée qui lui ser-

vait de repoussoir. Évidemment, la vie et la
jeunesse éclataient en toutes ces lignes d'une har-
monie et d'un agencement, dignes des plus heureux présages, à la guerre et en amour ! C'était
bien la main faite pour tenir une épée, et c'était
bien la main faite pour s'emparer doucement
d'une main adorée où l'âme elle-même a passé !
Comme c'est difficile, à tout prendre, et comme
il faut être un grand sorcier pour lire à livre
ouvert dans ces belles mains de la poésie, de la
force et de la santé !

La vieille au regard sympathique aurait pu lire
en un clin d'œil ce qui était écrit dans ce ré-
seau de veines, colorées de tous les feux du
soleil levant ; mais on voyait que cette étude lui
semblait douce et charmante ; et que ses deux yeux,
habitués à toutes sortes d'horribles spectacles, se
reposaient doucement sur cette main ouverte à
toutes les générosités de la vie, à toutes les ar-
deurs de la jeunesse et de l'espoir.

— Ah ! jeune homme, dit-elle enfin, vous
étiez né pour être un grand capitaine et pour être
un prince du sang ! Vous avez la main qui gagne
des batailles et qui soumet toutes les beautés. Ici
la vie et la force... Et pour peu que cette ligne
imperceptible qui traverse, en les croisant, ces
grandes chances de bonheur, s'arrête à temps,

vous serez quelque jour un vrai prince! Il y a dans votre main une étoile, il y a sur votre front un diadème! Il y a dans votre cœur une fleur, la fleur de la royauté de la France! Heureuse la main qui touchera la vôtre, monseigneur!

— Bravo! la sorcière, cria Greuze, qui déjà traçait à la hâte un profil de cette vieille, éperdue en sa contemplation, voilà ce qui s'appelle un beau sort! Voilà ce qui s'appelle parler, et si tu m'avais dit la moitié de ce que tu viens de dire à ce jeune soldat, sur mon Dieu, je t'aurais embrassée, et... Mais, juste ciel! le voilà qui lui saute au cou! O fortune! ô miracle! ô monseigneur! quel mystère a glissé à votre oreille cette vieille femme pour que vous l'embrassiez ainsi?

Et, véritablement, M. de Guys avait embrassé la vieille femme, et sans prendre congé de son ami Greuze, il partait heureux comme un roi, léger comme un fou!

Ce que la vieille avait dit à l'oreille de M. de Guys? Elle lui avait dit ceci, tout bas (outre-passant quelque peu ses pouvoirs, car enfin la sorcière n'était pas une sorcière) :

« Jeune homme, une dame, la plus belle dame de France, vous attend dans telle maison du Marais... ce soir, à huit heures. Soyez discret, soyez heureux !

11

XXXII

LE SERMENT DE MADAME D'EGMONT.

———

Et quand la huitième heure eut sonné, le jeune homme, obéissant au rendez-vous, rencontra madame la comtesse d'Egmont; elle était voilée, elle était dans l'ombre. Elle lui parla, d'une voix pleine d'émotion, de M. de Gisors son frère... « Et d'un vieillard qui vous aimait comme un père, M. de Guys ! Ils sont morts l'un et l'autre, et c'est moi qu'ils ont chargée de leurs volontés dernières. Ils veulent que vous soyez sage et brave, hardi et fidèle, confiant dans votre fortune et docile à votre étoile ! Ils veulent que moi, qui ai votre âge à peine, je veille sur vos destinées, et que je vous sois une Providence invisible. Ainsi ferai-je, et comptez (vous ne me verrez plus jamais) qu'on veille sur vous, et que dans la voie où vous entrez, on vous suivra. Ils veulent enfin que vous soyez riche, comme il convient au rejeton d'une noble famille, et c'est pourquoi ils m'ont commandé de remettre en vos mains cette fortune dont vous ferez un digne usage ! Ainsi, monsieur, voilà une œuvre accomplie, et voilà que j'ai tenu mon serment. Les deux morts et moi-même nous comptons bien que vous vous montrerez digne de cette sollicitude. »

Pour tout dire elle parla avec la grâce, la courtoisie et l'autorité d'une reine au sujet prosterné à ses pieds. Puis elle sortit, en défendant au jeune homme interdit de faire un seul pas pour la reconduire.

— Adieu, lui dit-elle.

Et M. de Guys, écrasé par cette apparition, cherchait en vain à se reconnaître. Il se demandait qui donc était cette femme, et si vraiment c'était bien la même femme qu'il avait tenue entre ses bras ?

— Ah ! se disait-il, c'est une fée, et malheur à moi ! Elle me méprise, elle ne m'aime pas !

D'autres fois il se demandait si ce triste rêve devait le tourmenter longtemps ? et il s'agitait comme s'il eût voulu se réveiller !

Vaine espérance ! Et quand enfin il eut ouvert la riche cassette, et quand il eut touché, de ses mains, cette fortune incroyable, que lui remettait la Providence en personne, sous son plus doux et plus charmant aspect, alors, le malheureux ! il vit enfin qu'il n'était pas le jouet d'un songe, et se rappellant, d'une façon moins confuse, cette éblouissante vision, il comprit que c'était bien réellement une femme qu'il avait vue... et cette femme, elle venait de lui en donner l'ordre, il ne devait plus la revoir ! Désormais il était seul ici-bas ! A cette cruelle pensée il sentit son cœur se briser dans sa poitrine, il avait tout perdu, même l'espoir.

XXXIII

CE QU'IL FAUT PENSER DES BONNES FORTUNES DE
RÉTIF DE LA BRETONNE.

———

Je serais bien fâché contre celui qui la raconte, si cette histoire vous paraissait même
étrange, et que l'auteur se vît accusé d'avoir
entremêlé, dans une proportion indiscrète, la
fantaisie et l'impossible, la bergerie et la terreur. Ce mélange, qui vous déplaît peut-être,
est tout entier dans le siècle dont nous parlons;
les idylles de M. le chevalier de Florian sont les
cousines germaines des contes *nouveaux* de
M. l'abbé de Grécourt; *Candide* est le voisin du
Petit Carême; sont imprimées sur le même
papier et par les mêmes caractères, l'encyclo-

pédie et le Catéchisme. En ce temps d'expérience
et de révolte, il existe un homme qui écrit, en
se jouant, la fameuse *Lettre sur les aveugles*,
pendant qu'un terrible prédicateur de Versailles
prépare, au milieu des foudres et des éclairs, le
fameux et terrible sermon : *Encore quarante
jours et Ninive sera détruite !* C'est un monde qui
s'achève au milieu des foudres et des éclairs, en
plein contraste, entre les serpents et les fleurs,
dans tout ce que le vice a d'épouvantable, dans
tout ce que la vertu a de charmant.

Jamais l'intelligence humaine, poussée à son
degré le plus extrême, n'a produit plus de choses
étonnantes et considérables, et qui oserait fouil-
ler, jusqu'au fond de ce grand abîme, y trouverait
une profusion insensée de fange et de pierres pré-
cieuses, de gravier et de diamants. Ce qui ajoute
aussi à l'intérêt des histoires de ce temps-là, et
ce qui nous y ramène sans cesse et sans fin les uns
et les autres, c'est la conscience où nous sommes
que bientôt, demain sans doute, et ce soir peut-
être, cette élégante société va tomber sous la
grande révolution qui s'avance, et que ces
hommes et ces femmes, derniers héritiers du
monde féodal, vont être foulés aux pieds de ce
peuple émancipé qui les regarde agir, qui les
écoute parler, et qui, depuis tant de siècles, ne

comprend rien à leur langage et rien à leurs
actions. C'est surtout pour cette époque flottante
entre 1745 et 1789, que le mot *impossible* est
un mot rayé de l'esprit humain, et ce serait miracle d'y rencontrer un brave homme qui s'éton-
nerait de quelque chose.

Enfin songez donc que le dernier livre que ces
hommes sans peur et ces femmes sans prévoyance
ont dévoré, une heure avant l'heure de l'échafaud, s'appelait les *Liaisons dangereuses!* Pendant qu'ils s'enivraient, ces esprits pervertis,
plus que pervers, du spectacle immonde et des
crimes de la marquise de Verteuil, ils n'enten-
daient pas, dans le lointain, le glas funèbre de
leur agonie; ils ne voyaient pas le flot qui
monte et qui monte encore, engloutissant aujourd'hui le trône du roi, le lendemain le tem-
ple du Dieu, emportant, dans la même tempête,
le berceau de l'enfant et les tombeaux des
morts.

A la même heure où se passe notre histoire,
il y avait, dans les fanges parisiennes, un poëte
de carrefour, un romancier du ruisseau, un
Voltaire de la borne, appelé Rétif de la Bretonne, un des plus terribles niveleurs que l'esprit français ait rencontrés en son chemin; ce
brave et galant homme, en fin de compte, était

une espèce de Diogène emphatique et bavard, qui prenait pour des réalités les tristes vapeurs de son cerveau; dans le patois des halles et dans l'éloquence avinée des crocheteurs, il racontait mille aventures dont il était le digne héros.

Entre autres histoires, il assistait, dit-il, au Luxembourg, à je ne sais quelle fête nocturne, où des princesses le prirent par la main et l'entraînèrent dans les bosquets; et là il joua, dit-il encore, et croyez-le, trois ou quatre fois le chaste rôle du triste Joseph, à telle enseigne qu'il eût laissé quatre manteaux sous les charmilles du Luxembourg; mais le pauvre diable n'avait pas de manteau.

Une autre fois, dit-il, comme il se promenait dans les fanges de la Cité, heureux comme le poisson dans l'eau, une femme accorte et masquée passe devant lui, en relevant son jupon brodé à jour, et le voilà (c'était bien ce que voulait la belle dame) qui se met à la suivre. O miracle! cette femme le conduit dans une alcôve enchantée, et là-dessus notre homme discret tire un voile pudique... Vingt ans après, dit-il encore, comme il était, chargé d'années et de besace, assis sur les marches du Pont-Neuf, cherchant un conte à écrire pour avoir de quoi souper le soir, il vit passer, dans un équipage splendide, cette grande dame à laquelle il avait appartenu, et, assise à côté de sa mère, une fille admirable qui ressemblait justement à l'auteur des *Contemporaines*, du *Pied de Fanchette*, de la *Paysanne pervertie* et du *Paysan perverti*. O miracle ! c'était lui-même, à dix-huit ans, sous les traits gracieux de cette adorable jeune fille, entourée de toutes les splendeurs d'une grande fortune et d'un grand nom.

O misère ! ô honte, que de pareilles histoires aient été racontées par de pareils inventeurs ! O misère encore, que de pareilles histoires aient été répétées par d'honnêtes gens qui cherchent à tout prix *l'inconnu*, *l'effet* et *l'impossible !* Et savez-vous de qui voulait parler, en ce moment de vanterie et d'obscénités, le sieur Rétif de la Bretonne ? Il donnait à entendre que l'héroïne de cette nuit perverse n'était autre que madame d'Egmont ?

XXXIV

LE VERSAILLES DE MADAME DU BARRY.

———

Venez donc avec nous (vos peines ne seront pas perdues) dans ce palais de Versailles, à la cour du vieux roi Louis XV, un jour de grande réception et de grands appartements. Tout ce qu'on raconte des gloires, des majestés, des grandeurs, toute l'histoire passée et tout le poëme des jardins d'Armide, en un mot, rien de ce qui brille aujourd'hui et de ce qui brillait jadis, ne peut donner une idée approchante de ce Versailles à son apogée, à son déclin, dont un abîme nous sépare. O ruine, sur laquelle une révolution a pesé de tout son poids; palais de Louis XIV, qui avez contenu les deux plus grands siècles

de notre histoire, jardins où chaque pas était
une trace poétique ou guerrière... on eût dit
que là fée avait enfanté ces merveilles, presque
divines, d'un coup de sa baguette d'or, et que,
s'étant repentie de son œuvre, elle l'avait rem-
portée en un pli de son manteau.

. Ce doit être, en effet, une étrange contemplation, cette royauté française qui s'éteint dans
sa pourpre, comme le soleil au déclin du jour;
tout semble encore impérissable, et cependant,
du faîte à la base, la ruine est imminente ; au
milieu des apothéoses et des cantiques, vous en-
tendez, dans le lointain, les premiers murmures
d'un immense *De profundis!* On obéit encore, ou
pour mieux dire, jamais l'obéissance n'a été si
complète, jamais l'adoration plus humble et l'admiration plus fanatique. Eh bien, prenez-y garde,
vous avez, sous les yeux, des fantômes qui s'agitent dans un monceau de nuages. Cette royauté
française, que le monde admire à genoux, elle est
semblable à ce Florentin, à ce damné du Dante;
l'âme du Florentin est dans les flammes, pendant que son corps est resté dans Florence, avec
toutes les apparences de la vie. Ainsi, dans le
Versailles de madame du Barry, la royauté est
morte, ou du moins elle se meurt dans les fêtes, dans les plaisirs, dans les licences, dans

les chansons, dans tous les abus de la fortune, du vice et de la toute-puissance. Elle
expire étendue sur les roses; inintelligente autant qu'avilie, elle ne comprend pas que la va-
peur enivrante monte à son cerveau comme un
poison; elle a déjà un pied dans l'abîme, elle ne
se doute pas de l'abîme; à sa plaie il y a la
gangrène, elle ne se doute pas qu'elle est blessée!

O fêtes éternelles, le premier vent d'orage
vous aura bien vite emportées! O murailles char-
gées d'emblèmes, où l'épée et le sceptre, la
houlette et l'éventail se croisent, à l'abri d'une
couronne fermée, entre les lauriers et les lys,
le doigt vengeur, le doigt invisible, écrit déjà sur
vos parvis dorés les paroles sacramentelles du
dernier festin de Balthasar!

Allons cependant, hommes et femmes de Versailles, contempler jusqu'à la fin cette étoile;
allons, gens de Paris, allons saluer le roi, notre
seigneur et maître, en attendant que le ver s'empare de ce cadavre anéanti.

C'était, en effet, une des grandes fêtes de
Paris, d'assister, de temps à autre, au grand
couvert de Sa Majesté, et il n'était bourgeois
de la Cité, ou prestolet de la province, qui ne
s'accordât à lui-même ce grand spectacle, au

moins une fois dans sa vie. On partait de Paris
dès le matin ; on arrivait à Versailles en toute
hâte, dans toutes sortes de véhicules ; on était
reçu au château de ces sultans d'Asie, par
un homme en grande livrée, et quand enfin
l'heure avait sonné du défilé public, on passait, à
pas comptés, dans la salle où mangeait le roi
tout seul ; puis, le repas à peine achevé, on se
précipitait aux regrats du palais, et l'on se dis-
putait les restes de la table royale, chacun plon-
geant sa main affamée dans ces plats d'or que
Sa Majesté avait à peine regardés d'un regard
rassasié et dédaigneux ; comme aussi c'était
l'usage, à certains jours marqués dans le calen-
drier de Versailles, que les ducs et pairs, et, en
un mot, toute la cour, se portassent en foule au
grand couvert ; là chacun faisait sa cour au
monarque, et c'était à qui mériterait le mieux
une parole, un geste, un signe, un sourire, un
regard.

XXXV

—

Ce jour-là madame d'Egmont avait été menée
à Versailles par M. le duc de Richelieu, son
père. Jamais peut-être la comtesse n'avait été
plus belle, plus brillante et mieux parée. Elle
portait un grand habit de satin semé de fleurs,
tout garni de broderies en perles ; sur toute sa
personne, à son cou, à ses bras, à ses mains,
sur son front étincelaient les diamants de sa
maison ; et vous jugez si elle était belle ! Dans
cet appareil et dans cette beauté madame d'Egmont alla s'asseoir au grand couvert du roi, à la
tête des *femmes titrées,* comme c'était son droit.
Il y avait à ce grand couvert toute la noblesse

12

de France : duchesses, grandes d'Espagne ; les
femmes des maréchaux de France, et les dames
du palais ; tous ceux qui avaient les honneurs
du Louvre et qui étaient cousins du roi. En un
mot, c'était ce que les courtisans appelaient *une
grosse cour.*

Au milieu de cette cour vous pouviez reconnaître, aux derniers vestiges de cette beauté
perverse, aux vieux restes de cet esprit perverti, à la langueur de ce regard éteint, à la
tristesse répandue sur toute cette personne
anéantie et misérable, ce prince malheureux, ce
roi fainéant, perdu dans le Parc-aux-cerfs, dont
on a dit tant de vérités et tant de fables, également destiné à l'apothéose et aux gémonies, Sa
Majesté le roi Louis XV en personne. Un roi si
charmant et si souillé, que l'histoire elle-même,
dans ses plus grandes et plus téméraires habile-
tés, ne pourra jamais concilier ces adorations et
ces immondices, ces élégances et ces infamies ;
tant d'éclat dans ce bourbier, tant d'esprit dans
ces turpitudes, toute cette intelligence au milieu
de cette misère et de cet abandon.

Ce malheureux prince que la prospérité avait
anéanti, que la fortune avait brisé, qui était né
rassasié de toutes choses, et que la volupté enveloppait d'un linceul, était passé, avant de mou-

rir, à l'état de problème, de curiosité, de mystère, et qui l'eût voulu deviner, tel qu'il était, dans
cette honte impuissante et dans ce vice implacable, eût tenté une chose impossible. Ce n'était
pas un vieillard, ce n'était pas un cadavre,
c'était une chose sans nom, qui mettait sur son
front une couronne, et qui se montrait, de temps
à autre, à son peuple abasourdi, afin que la voix
glapissante du meneur de funérailles ne se mît pas
à crier soudain : *Le roi est mort.* En un mot, pour
en finir avec cette image digne de l'Apocalypse,
les hommes intelligents, qui comprenaient que la
fin était proche, et qu'une royauté ainsi faite ne
pouvait pas durer, se hâtaient afin d'en contempler les derniers débris, chacun voulant conser-
ver un souvenir de cette fumée, un bruit de cet
écho, un reflet de cette lueur.

Et comme, à cette heure suprême de la monarchie, il était facile de voir et de comprendre
que ce règne était le dernier règne, et que cette
maison de Bourbon : « qui n'avait pas son
égale sous le soleil » s'en allait croulante de
toutes parts, l'empressement de ce peuple avide
et curieux n'avait jamais été plus grand autour
du fantôme ; ils venaient tous, les uns et les
autres, à cette curée ; il leur semblait vraiment qu'au delà de cette ombre et de cette nuit,

une aurore allait paraître, mais savaient-ils en effet que cette aurore dût être l'aurore même de la philosophie et de la liberté?

XXXVI

AUTOUR DU ROI.

———

Cependant, le roi est assis à son grand couvert ; seul il a la tête nue, et chacun des seigneurs
qui l'entourent porte son chapeau sur sa tête. Le
grand maître, le grand échanson, toute *la bouche*
est à son poste ; pendant que le dîner passe,
porté dans des corbeilles par des pages, les gardes du corps frappent le parquet de leurs talons
sonores, et portent les armes au dîner de Sa Majesté. Sur une estrade, les vingt-quatre vio-
lons du roi font entendre une symphonie hé-
roïque ; le même orchestre jouera la même
symphonie au chevet de Louis XV expirant.
Dans la cour de marbre, les clairons, les trom-

pettes et les tambours donnent une aubade à
Sa Majesté; dans les jardins, les eaux s'élan-
cent, pareilles à des fleuves qui tombent, s'élè-
vent et retombent en frémissant de joie et d'orgueil.

Cependant le roi, assis dans son fauteuil à
bras, apparaît immobile, ennuyé, fatigué, blasé;
de chaque côté de Sa Majesté se tiennent les
dames de la cour, les femmes qualifiées assises
sur un tabouret, les autres debout à côté des
hommes debout, épées, bâtons, cordons bleus,
cordons rouges, jarretières, toisons d'or, toutes
les couleurs, tous les plumets, tous les bla-
sons, toutes les fortunes. Non loin du roi,
une femme excessivement parée, accorte et leste
à l'avenant, en grand habit jonquille brodé d'or,
la mouche à la joue et le sourire à la lèvre, le
regard provoquant, la dent aiguisée et la main
prompte, joue avec son éventail, tout chargé des
parfums d'Orient et des images galantes de Wat-
teau. Cette femme effrontée, et charmante à
l'avenant, semble ici chez elle, elle est mieux
que le roi, elle est la maîtresse; du coin de l'œil
elle regarde tantôt le roi, tantôt quelque jeune
capitaine qui rougit à la voir; évidemment voilà
une créature habile à jouer de la prunelle et
du sourire; elle remplace la politesse par le sans-

gêné, et l'élégance par la bonne humeur ; cette
beauté insolente, hardie et câline comme Vénus
elle-même, remplit de son bruit, de son rire et
de ses senteurs toute cette assemblée, où l'on
voit facilement qu'elle seule elle n'obéit pas à
l'étiquette, à la règle, à l'ordre absolu.

Ah ! grisette sans honte et sans vergogne, tu
foulais d'un pied léger la majesté de deux grands
siècles ; de temps à autre le roi regardait cette
femme avec une tendresse languissante, et son
air ennuyé semblait lui dire : « Allons, ma belle,
encore un moment ; laisse-moi goûter de ces
plats qu'on apporte et qu'on remporte ; l'étiquette
nous défend de dîner à la même table, mais
nous avons, là-bas, dans les petits appartements, à votre ombre, ô profane, ô ma maîtresse, un souper fin qui nous attend ; encore
un instant, et nous allons rire et boire ensemble, *a tire-larigot !* et après nous le déluge,
ô mon amour ! »

Dans cette foule, madame d'Egmont attirait
tous les regards par son imposante beauté ; elle
était certainement la reine de cette réunion, et
sitôt qu'elle tournait les yeux vers madame du
Barry, la favorite évidemment se sentait mal à
l'aise ; soudain le rire s'arrêtait dans son geste
et l'insolence dans ses yeux.

Le public, admis au dîner du roi, entrait par une porte et sortait par une autre porte, décrivant, dans sa marche hâtée, un quart de cercle autour du grand couvert. A peine si quelqu'un dans cette foule osait regarder en face le fantôme de la monarchie, assis à cette table où il buvait la honte, où il dévorait ses ennuis ; on passait... tout était dit.

XXXVII

M. DE GUYS, LE ROI ET MADAME D'EGMONT.

———

Tout à coup le mouvement régulier de cette
foule, qui s'écoulait en silence devant Sa Majesté, s'arrête, et soudain une légère rumeur,
que retient le respect, se fait entendre. Au même
instant, les regards qui étaient tournés vers le
roi se portent sur un beau jeune homme qui
s'était arrêté au beau milieu de la table carrée,
et que nulle force humaine n'eût poussé en
avant. Il était là, immobile, hors de lui, sans
mouvement et sans voix, les yeux fixés sur
madame d'Egmont; on eût dit que ce jeune
homme se trouvait, lui aussi, en présence d'un
fantôme, d'une apparition. Mais l'extase de son
visage disait assez que c'était une vision du para-

dis, et non une évocation de l'enfer qui le clouait
au plancher. En vain la voix des huissiers de la
verge noire se faisait entendre : « Marchez,
messieurs, » rien n'avançait. A la fin le roi lui-
même, voyant que madame du Barry portait ses
yeux vers le groupe arrêté, fit comme elle, et il
vit en effet ce jeune soldat aux gardes, M. de
Guys, car c'était lui qui contemplait, dans un muet
enchantement, la grâce et la beauté de madame
d'Egmont. Il y eut même le moment où ce jeune
homme allait parler, mais il fut arraché vio-
lemment à son extase par deux gardes de la
manche, et bientôt on n'entendit que le bruit de
ses pas dans la longue galerie. En même temps,
madame d'Egmont poussa un grand cri de
désespoir.

Et cependant la pauvre femme ne comprenait
pas qu'elle était perdue, elle oubliait que tout ce
monde la regardait, et que déjà un chuchote-
ment énorme recommençait parmi les courtisans,
si habiles à tout saisir, à tout comprendre, et
qui d'un mot, d'un sourire, d'un regard, d'un
coup d'épaule, auraient déshonoré, en un clin
d'œil, pour amuser un instant le roi leur maître,
les plus honnêtes femmes de la monarchie, et les
enfants de leurs petits-enfants.

Il était facile en effet de deviner les résultats de

cette aventure, aussitôt qu'elle aurait passé par
les commentaires charitables de ces messieurs
et de ces dames : Comment donc ! madame la
comtesse d'Egmont, la vertu même, une dame
sérieuse s'il en fut, et connue par l'austérité de
ses mœurs..., une femme qui n'a rien pardonné
à personne, et qui n'a jamais voulu saluer madame du Barry, elle s'évanouit à Notre-Dame,
un jour de grand'messe, parce qu'elle a vu un
jeune garde attaché au cénotaphe de la reine
d'Espagne; et voici maintenant, voici le jeune
homme, à son tour, le même jeune homme, vous
l'avez reconnu, duchesse ! qui fait un grand
scandale au grand couvert du roi, parce qu'il
aura reconnu... ou retrouvé madame la comtesse d'Egmont !

Et les commentaires, et les suppositions, et
les nouvelles à la main, ces œuvres de bandits,
et déjà les sourires, les explications, les allu-
sions, les regards... Heureusement que le roi
Louis XV vint en aide à cette infortunée. Il
était très-habile en toutes les choses de l'a-
mour. Il en avait fait l'occupation de toute sa
vie, il en savait tous les mystères, et bien qu'il
imaginât, lui aussi, que madame d'Egmont n'é-
tait peut-être pas aussi innocente que le disait
son pur visage, il lui vint en aide :

— Allons, dit-il, c'est votre faute à vous
toutes, mesdames, si ce jeune homme a été
changé en statue, et je ne veux pas qu'il soit
châtié, parce qu'il aura passé sous le feu de vos
beaux yeux.

Puis s'adressant à l'exempt de ses gardes :

— Charost, dit-il, que l'on relâche ce jeune
garde, et qu'il aille en paix. Je ne veux pas
qu'il porte plus longtemps la peine de son
admiration.

Au même instant le roi se lève, il salue, et
se retire, laissant là enfin son sceptre, sa couronne, sa gloire, et sa majesté et toute cette
pompe qui lui pèse. Roi perdu, Majesté anéantie,
il n'a pas touché à un seul des plats qui lui ont
été présentés en si grand apparat, au bruit de
tant de fanfares; il n'a pas goûté à un seul
de ces vins généreux que son échanson a es-
sayés avant lui; il ne sait pas manger quand
on le regarde, il déteste l'appareil et le grand
jour. Il faut à ce roi, blasé sur sa propre majesté, non pas la liberté, mais la licence, non pas
le demi-jour, mais les ténèbres. Tu as bien
raison de te cacher ainsi, Majesté de plâtre et de
hasard. Cache-toi, au milieu de tes courtisans,
de tes roués, des flatteurs de ta passion, et des
amis de ton vice. Cache-toi au milieu de ces roses

souillées dont l'épine même est arrachée, et
vautre-toi sur ces fleurs déshonorées et déshon-
nêtes où pas un pli ne gênera ton sommeil! Et
cependant, autour de la Bastille croulante, passe,
en grondant tout bas, le grand peuple qui rêve,
et qui appelle, en priant, la sainte liberté!

XXXVIII

COMMENT M. LE DUC DE RICHELIEU FIT L'ORAISON FUNÈBRE DE M. DE GUYS.

———

Cette histoire de madame d'Egmont a été la dernière aventure galante du siècle passé.

Plus l'histoire était innocente, et plus elle parut invraisemblable; on lui fit surtout un grand crime, à cette jeune femme, d'avoir laissé deviner cet amour. Qu'elle eût avoué hautement une passion adultère, elle eût fait comme presque tout le monde, elle était dans son droit; mais, trembler, mais pâlir, mais pousser ce grand cri de misère et de désespoir, au beau milieu de la cour, en présence du peuple de Paris, c'était toucher à l'ironie, et de l'ironie, en ce

temps-là, celui-là s'estimait heureux qui pouvait
en revenir.

Elle en revint cependant, la noble femme,
et le jeune homme qui avait causé toute cette
peine, M. de Guys, tint à honneur de glorifier
sa protectrice. Plus d'une femme, au grand couvert, avait remarqué d'un coup d'œil la grâce, la
beauté et la jeunesse de M. de Guys; plus d'une
marquise, et plus d'une duchesse, eût bien voulu
lui demander le dernier mot de cette énigme,
et l'explication de ce mystère... On dit même que
la favorite avait tenté de le savoir; elle était
curieuse en vraie fille d'Ève, et elle ne savait
pas résister à la tentation.

Il ne voulut rien entendre; il resta dédaigneux
et calme; il attendit les ordres de sa souveraine,
et quand il comprit qu'elle ne voulait plus le revoir, surtout quand il eut vent des calomnies dont
il était la cause innocente, il résolut d'y mettre
un terme, lui aussi, par sa mort; mais avant de
mourir, il écrivit deux lettres : une lettre au roi,
une lettre à madame d'Egmont. Ces deux lettres
se sont perdues, mais il fallait qu'elles fussent
bien touchantes et bien senties, car la jeune
femme ne pleura pas, et le roi sentit comme une
larme qui montait à sa paupière. Il parla même
de cette mort à son petit coucher :

— C'est la première fois, dit-il, qu'un si jeune homme se tue avec tant d'amour et d'honnête amour. Tant pis pour ceux qui l'ont forcé à cette extrémité, mais il nous semble que madame d'Egmont était assez entourée d'honneur et de respect, pour se passer de cette réparation *in extremis*.

— Et laissez-moi ajouter, sire, reprit le maréchal duc de Richelieu, que voilà un grand maladroit de mourir si vite, avec une si belle entrée de jeu dans la vie, un soupir de la comtesse d'Egmont, un regard du roi, et que sait-on ? un coup d'épée du maréchal de Richelieu. Il y avait, en effet, de quoi aller à tout... Mais ces jeunes gens, ça ne sait plus vivre aujourd'hui !

Ceci dit, en forme d'oraison funèbre, le maréchal parla d'autre chose, et il ne fut plus question de M. de Guys.

XXXIX

COMMENT, APRÈS QUE MADAME D'EGMONT FUT MORTE,
SON PÈRE ET SON MARI
SE REMARIÈRENT LE MÊME JOUR, ET CE QUE LES
FAISEURS D'ANECDOTES ET DE VAUDEVILLE
FIRENT DE CETTE CHASTE HÉROÏNE.

———

Madame la comtesse d'Egmont est morte d'ennui, comme toutes les honnêtes femmes du siècle passé que l'échafaud n'a pas dévorées. Elle était née un peu trop tard, et le monde qu'elle traversait n'était pas fait pour elle. Un demi-siècle plus tôt, quand régnait Bossuet, quand l'Évangile

était dans toute sa gloire, l'aimable jeune femme
eût retrouvé bien vite, dans le silence et dans la
paix du cloître, une austère consolation à ses
douleurs ; la prière, la solitude et la méditation
seraient venues en aide à cette âme troublée ;
alors on l'eût vue revivre, et retrouver toute sa
force dans l'exercice des grandes œuvres de la
patience et de la charité ; mais dans ces épo-
ques de doute, de mensonge et de châtiment, où
tout ce qui était la force a disparu avec l'espérance, quand le ciel a perdu toutes ses étoiles,
et le cœur toutes ses croyances, que pouvait
faire une jeune femme abandonnée à elle-même,
entre ce père frivole, et ce mari sans vertu ?
Elle ne pouvait que mourir ; aussi elle est morte,
obscurément, une heure avant le grand orage et
la grande tempête ; elle s'est éteinte en silence ;
et si le monde l'a pleurée, les larmes du monde
sont sitôt taries !

Son père se maria une troisième fois, et son
mari se remaria, le même jour que son père..
Et voilà tout ce qu'il en advint ! Pourtant il ne
faut pas que les poëtes négligent cette honnête
et charmante mémoire ; ils ont charge d'âmes ;
ils tiennent entre leurs mains fécondés la récompense et le châtiment ; ils vouent à l'im-
mortalité que chacun mérite, les vertus les plus

aimables, et les crimes les plus honteux ! Cette
exquise et adorable figure tient sa place à côté
de tant d'âmes méconnues, qui passent, semblables à la fleur, laissant à peine un parfum
d'un jour.

Et comme, en ce temps-là, l'histoire appartenait aux faiseurs d'anecdotes, comme elle s'était
dégradée à plaisir dans le taudis des faiseurs de
nouvelles à la main, comme on ne lisait plus
que ces annales de l'antichambre et ces récits de
la ruelle, comme la chronique intime, scanda-
leuse, osait tout et s'attaquait à toute chose,
on n'eut rien de plus pressé que de raconter,
dans ces bluettes à l'usage des fausses princesses et des marchandes de modes, des maréchaux de France et des garçons tailleurs, que la
propre fille de M. le maréchal duc de Richelieu,
que la femme de M. le comte d'Egmont, que la
chaste et fidèle beauté, pour laquelle étaient morts
ces deux frères magnanimes, M. de Gisors et
M. de Guys, s'habillait, parfois, en simple bour-
geoise, et s'en allait attendre à la Râpée, aux
Porcherons, et même au Vauxhall de la rue
Saint-Honoré, les jeunes gens les mieux tournés.

De nos jours, un vaudevilliste, quelque peu
académicien, a mis cette anecdoe en vaude-

ville, et le vaudeville a assaisonné madame d'Egmont de toutes ses grâces piquantes, de son bon goût, de sa grâce, de son esprit, de son atticisme et de ses flonflons.

FIN.

TABLE DES MATIÈRES.

———

COLLECTION HETZEL. — NOUVEL IN-32 DIAMANT.

AL. DUMAS.	LES MOHICANS DE PARIS.	10 vol.
—	INGÉNUE.	5 vol.
—	LA JEUNESSE DE LOUIS XIV	1 vol.
—	EL SALTEADOR	2 vol.
—	AVENTURES D'UN COMÉDIEN	1 vol.
—	LE PAGE DU DUC DE SAVOIE.	5 vol.
—	LE CAPITAINE RICHARD	2 vol.
DUMAS (fils).	LA DAME AUX CAMÉLIAS.	2 vol.
G. SAND.	LAURE ET ADRIANI	2 vol.
—	LA FILLEULE	2 vol.
ED. TEXIER.	LA DUCHESSE D'HANSPAR	1 vol.
EUGÈNE SUE.	LE DIABLE MÉDECIN.	1 à 5
EUGÈNE SUE.	LA FAMILLE JOUFFROY	6 vol.
ESQUIROS.	LE CHATEAU D'ISSY.	1 vol.
J. ARAGO.	LES DEUX OCÉANS	5 vol.
FR. ARAGO.	HISTOIRE DE MA JEUNESSE	1 vol.
C. TILLIER.	MON ONCLE BENJAMIN	2 vol.
P.-J. STAHL.	BÊTES ET GENS	4 vol.
—	DE L'ESPRIT DES FEMMES	1 vol.
MÉRIMÉE.	COLOMBA, (édit. Kiessling et Cie)	1 vol.
DESCHANEL.	LE BIEN QU'ON A DIT DES FEMMES	1 vol.
—	LE MAL QU'ON A DIT DES FEMMES	1 vol.
MAYNE-REID.	AVENTURES D'UNE FAMILLE PERDUE DANS LE DÉSERT, (traduction d'Allyre Bureau)	2 vol.
A. ACHARD.	LA ROBE DE NESSUS.	2 vol.
DE St-FÉLIX.	CLÉOPATRE	2 vol.
JULES JANIN.	LA CONTESSE D'EGMONT	1 vol.
E. CARLEN.	UN BRILLANT MARIAGE	1 vol.

EN PRÉPARATION

Lsc COLLET.	UN DRAME RUE DE RIVOLI	1 vol.
CHAMPFLEURY.	CONTES CHOISIS	1 vol.
AL. DUMAS.	L'HOROSCOPE	vol.